LE FIGARO

Incessamment sous peu !

Je me suis peut-être mal exprimé ?

En bonne intelligence !

LES 100 EXPRESSIONS À ÉVITER

au bureau & ailleurs

Je dis ça, je dis rien.

Moi, personnellement, je pense…

Comme un lundi !

QUENTIN PÉRINEL

Le Figaro : 14, boulevard Haussmann, 75009 Paris.
Directeur général, directeur de la publication : Marc Feuillée.
Directeur des rédactions : Alexis Brézet.
Directeur de la diversification éditoriale : Pierre Doncieux.
Auteur : Quentin Périnel.
Directeur de création : Philippe Gruson.
SR-révision : Véronique Dequatremard (1ère SR), Joseph Castaldo.
Maquette : Jean-Marie Coudray, Sophie Trotin et Sarah Zanet.

Editeur : Robert Mergui.
Chef de projet en charge de la coordination éditoriale : Nathalie Hervo.
Direction artistique : Camille Belliard.
Directeur industriel : Marc Tonkovic.
Directeur de la diffusion : Philippe Grinberg.
Pré-presse : Alain Penet, Corinne Videau.
Chargée de communication et partenariats : Marie Muller.

ISBN : 978-2-8105-0825-9

Achevé d'imprimer en septembre 2018 sur les presses de l'imprimerie Pollina, France - 86261.

Nos entreprises et nos lieux de travail respectifs sont comparables à un grand théâtre. Chaque jour, nous y jouons une pièce différente, qui dure entre huit et douze heures, avec un nombre d'acteurs qui varie sans cesse : réunions, déjeuners entre collègues, entretiens annuels, séminaires... Chaque vie de bureau a son propre jargon, ses tics de langages, ses expressions... et ses dérives ! J'ai la chance d'avoir des amis et des relations qui travaillent dans des univers très différents. Autant d'inspirations qui m'ont nourri pour écrire *Le Bureaulogue*. Mais ce livre, c'est aussi le vôtre : j'ai reçu des centaines de mails de lecteurs durant deux années, qui m'ont proposé avec talent les expressions et tics de langage qui façonnent leur propre quotidien au travail. Ces 100 expressions doivent, si tout va bien, refléter la vie de bureau contemporaine française le plus largement possible ! Anglicismes atroces, expressions franco-françaises historiques, barbarismes, impardonnables, fautes de langue... Il y en a pour tous les goûts. Dans *Les Bâtisseurs d'empire,* Boris Vian se pose cette question existentielle : *« Je me demande si je ne suis pas en train de jouer avec les mots. Et si les mots étaient faits pour ça ? »* C'est tout l'intérêt de ce livre : jouer avec vos mots du quotidien, vous faire réfléchir à votre façon de parler. Vous remettre en question parfois. En rire souvent !

Quentin Périnel

Sans te mettre la pression !
Tu as passé un bon week-end ?
Au jour d'aujourd'hui !

Monter une réunion !
Je ne suis pas dans la boucle !
On va manger ?
Tu vois ce que je veux dire !
Sortir de sa zone de confort !
Entre guillemets !

Tu nous donnes ton go ?
C'est pas dans mon scope !
Je reste à dispo !

Je travaille sur Paris !
Les vacances d'été, c'est demain !
En toute transparence !

Je dis ça, je dis rien.
Moi, personnellement, je pense...
Comme un lundi !
Incessamment sous peu !
Je me suis peut-être mal exprimé ?
En bonne intelligence !

Je vous laisse échanger !
Je suis au bout de ma vie !
J'ai passé l'âge de...

JE TRAVAILLE SUR PARIS !

01

N'y voyez pas malice : nulle trace de parisianisme – quelle horreur ! – dans ce titre. Je démens formellement. J'aurais pu faire le même avec Nantes, Bordeaux, Tourcoing ou n'importe quelle autre ville française… Cette grossière erreur est reproductible à merci, et dépasse très largement les frontières du périphérique. Cependant, Paris étant à la fois la ville où je vis et travaille, mais aussi notre capitale, il me semblait inévitable d'y planter le décor de cette chronique. *« Je travaille sur Paris »*, entend-on fréquemment dans la bouche d'un(e) jeune cadre qui parle de son nouveau job lors d'un dîner entre amis qu'il n'avait pas vus depuis longtemps. « Depuis que je travaille sur Paris, je n'ai jamais autant ressenti ce besoin de verdure et de silence que seul le plaisir d'habiter à la campagne – ou en banlieue – peut procurer », pourrait-on également entendre dans un contexte similaire. Un grand bravo au Parisien qui a fait le choix osé de titrer l'un de ses articles avec la citation suivante : *« Je travaille sur Paris en semaine. »* Certes, c'était en 2006, mais le web n'oublie rien. Vous habitez *« sur »* Paris ? Traduction : vous habitez au-dessus de Paris ? Vous surplombez la capitale, peut-être en plein VIIe, depuis un penthouse au dernier étage d'un immeuble très élevé ? Dans un appartement que vous avez fait surélever – c'est très à la mode – par un architecte ? C'est risible et prétentieux ! Vous travaillez *« sur »* Paris ? Dois-je en déduire que vous terminez une brillante thèse de fin d'études consacrée à la capitale ? Un essai pointu sur la boboïsation des arrondissements du nord de Paris ? Intéressant ! Malheureusement, n'en déplaise aux auteurs de cette phrase hideuse, ils ne travaillent pas sur Paris. Ils travaillent à Paris. Il peut même arriver qu'en plus d'y travailler, ils y habitent aussi, à Paris ! Quant à la minorité qui utilise *« sur Paris »* pour désigner la région parisienne, afin de s'épargner la pénible tâche de passer la loupe sur une zone géographique plus étendue… Subtile astuce de fainéant ! Soyons clair : cette erreur est impardonnable ! Dans un contexte professionnel, dire que l'on habite ou que l'on travaille sur n'importe quelle ville est une valeur sûre pour vous faire perdre des points… A bannir d'urgence, donc, lors d'un entretien de recrutement, ou dans n'importe quelle discussion pro. Peu importe qui sont vos interlocuteurs, collègues ou clients : respectez-les !

C'EST DANS LE PIPE !

02

La rentrée, vous connaissez ? Cette période tumultueuse de l'année où moult projets sont *« dans le pipe »*. Pire qu'une affreuse expression franglaise, celle-ci est même une abréviation de l'expression anglaise dont elle s'inspire. *« Do you have projects in the pipeline ? »*, disent nos voisins d'outre-Manche. Ils en ont le droit. C'est plus chic. Evidemment, puisque c'est leur langue ! Vous l'avez probablement entendu en réunion ou dans un couloir : *« Quid du projet de déménagement de Thierry et ses équipes ? » « T'inquiète, c'est dans le pipe ! »* Prononcez « païpe », à l'anglaise, naturellement. Prononcé à la française, on risque de vous regarder avec des yeux ronds… qui vous donneront peut-être envie d'en rester à *« C'est dans les tuyaux ! »* Pas très joli non plus. Mais le plus grotesque avec cette fameuse expression, c'est qu'elle ne veut strictement rien dire. Répondre qu'un projet est dans le « pipe » équivaut à botter en touche. Le plus long pipeline du monde – en Asie – mesure 8 700 kilomètres de long. En entreprise, *« c'est dans le pipe »* est donc une réponse facile, intemporelle, que l'on utilise lorsqu'on n'en sait rien. *« Oui oui, ça avance ! » « On est dessus ! »* En clair : on n'en sait fichtrement rien ! C'est pour cela qu'une idée ou un projet met parfois bien longtemps à sortir du pipe. Plus le projet est délicat, plus le pipe a des chances d'être long. C'est la surprise ! Sans parler du fait qu'un tuyau, cela se bouche…

TU AS PASSÉ UN BON WEEK-END ?

03

La question d'ascenseur systématique que l'on pose sans vraiment s'intéresser à la réponse ! C'est un automatisme dès que l'on croise un collègue. Elle est souvent suivie d'un *« Oui et toi ? »* voire d'un *« Et toi ? »* sans même prendre le temps de répondre. Preuve que vraiment, il vaut mieux garder le silence plutôt que de faire semblant de s'intéresser aux autres. C'est question n'a d'intérêt que pour les amis !

JE DIS ÇA, JE DIS RIEN !

04

J'ai parfaitement conscience qu'en écrivant sur cette expression très populaire, je vais me faire beaucoup d'amis… *« Je dis ça, je dis rien. »* Prenons une minute pour réfléchir à ce casse-tête français. Comment peut-on souligner le fait qu'on ne s'exprime pas… tout en s'exprimant en même temps ? Voilà une formule aussi cérébrale qu'absurde. Le site parodique *Le Gorafi.fr* l'a d'ailleurs brillamment pointé du doigt dans son article « Je dis ça, je dis rien : dans la majorité des cas, les gens disent bien quelque chose. » Bravo à eux. D'où vient l'expression *« Je dis ça, je dis rien » ?* Selon un murmure insistant du web - – qui l'a rendue si populaire – elle proviendrait du film *Les Bronzés* avec la troupe du Splendid ! Du web à l'entreprise, il n'y a qu'un pas. Il n'est donc pas rare de l'entendre dans les couloirs ou dans l'open space. Si l'expression ne veut rien dire stricto sensu, elle a tout de même bel et bien une signification… Dans un premier temps, elle peut être utilisée pour atténuer l'effet d'un reproche ou d'une remarque négative tout en s'assurant de faire passer un message. Exemple : *« Franchement la présentation de Jean-Michel était loin d'être aboutie : imprécisions, chiffres, inexacts… Enfin, je dis ça, je dis rien. »* Une seconde utilisation est possible pour insister encore davantage sur un point négatif : *« J'ai vu le logo de la campagne de pub, mais franchement Nathan a fait n'importe quoi, c'est ignoble ! Franchement, cela reflète bien son attitude de tire-au-flanc depuis six mois. Je dis ça, je dis rien, mais il faudrait le virer manu militari. »* Vous trouvez cela catégorique ? Brutal, peut-être, mais catégorique… pas tout à fait ! Le problème avec cette expression, c'est qu'elle est pleine de lâcheté. Tant qu'à dire quelque chose, autant le dire franchement. Surtout si c'est une remarque négative. Elle montre que vous n'assumez pas complètement ce que vous dites. *« Je dis ça, je dis rien. » « Bien, dans ce cas, ne dis rien alors. Tais-toi »,* pourrait-on répondre frontalement à cette agaçante remarque. Quant à vous, chers lecteurs, soyez honnêtes avec vos proches coupables de cette erreur. Faites-leur une remarque. Je dis ça, je dis rien.

J'AIME L'HUMAIN !

05

« J'aime l'entreprise », avait martelé avec ardeur Manuel Valls à l'occasion des journées d'été du Medef. Quel beau message d'amour ! Il y a encore plus beau que d'aimer l'entreprise : aimer les personnes qui y travaillent ! Management tyrannique, mauvaise gestion des équipes, démotivation… La culture de la performance fait parfois oublier que l'on travaille avec de vraies personnes, dotées d'une sensibilité. Des personnes qui ont besoin de reconnaissance et de bienveillance. D'où cette grotesque expression managériale à la mode : *« J'aime l'humain. » « J'aime l'entreprise »* et *« J'aime l'humain »* sont donc deux expressions très similaires. Dans les deux cas, on aime un tout, en général. Or, les humains qui travaillent dans les entreprises ont surtout besoin que l'on fasse attention à eux en tant que personnes ! Cela me fait penser à cette citation de l'écrivain Fiodor Dostoïevski : *« Plus j'aime l'humanité en général, moins j'aime les gens en particulier. »* Adapté au monde de l'entreprise, cela donnerait : *« Plus j'aime l'entreprise en général, moins j'aime les personnes qui y travaillent. »* Je vous laisse méditer cette expression… Et pour finir, cette petite précision : peut-être qu'un jour, à l'heure de l'intelligence artificielle et des algorithmes, *« J'aime l'humain »* aura effectivement un sens en entreprise. Le jour où l'expression sortira de la bouche de notre manager robot !

FROM SCRATCH !

06

Rien qu'à l'oreille, l'expression *« from scratch »* fait déjà mal… Comment l'utilise-t-on ? Il va falloir redémarrer le projet *from scratch*. En d'autres termes, il va falloir redémarrer à zéro. Devant une feuille blanche. Quelle violence ! Imaginez : une maîtresse d'école sexagénaire qui fait grincer ses ongles sur un tableau noir… Une violence que l'on retrouve dans les synonymes anglais du terme *scratch :* égratigner, gratter, rayer, griffer… Une expression qui laisse des traces. A l'origine « from scratch » signifiait « depuis la ligne de départ. » Aujourd'hui, cette expression très laide a gangrené les *open space.* On l'entend partout. Pour l'éradiquer de notre vocabulaire, je vous propose de revenir à nos racines latines ! *From scratch* a son équivalence latine. Il s'agit de l'expression *ex nihilo.* Pas besoin d'avoir fait l'X pour faire cette conclusion : dire *« Tu reprends le projet* from scratch *»* est infiniment plus laid que *« Tu reprends le projet* ex nihilo *».* Utilisées avec parcimonie, les locutions latines donnent de l'élégance à votre joute oratoire… Tout le contraire des anglicismes.

JE REVIENS VERS TOI !

07

Une valeur sûre pour énerver son entourage. En écrivant ce texte, ma crainte n'était pas de savoir si oui ou non, j'allais viser juste, l'impopularité de cette expression est partagée par tous les Français. Non, ce dont j'avais peur, c'est que le titre suffise à vous rebuter, et que vous passiez votre chemin sans même le lire ! Surmontant mes craintes, j'ai finalement pris mon courage à deux mains. Je reviens vers vous, vers toi, vers eux, vers lui, ou pire encore, vers quelqu'un de clairement identifié : « *Je reviendrai vers Edouard plus tard, quand le projet aura davantage avancé.* » Cela marche aussi avec un point d'interrogation : « *Peux-tu revenir vers moi par mail dès que tu auras du nouveau ?* » L'horreur ! Que lui reproche-t-on exactement ? Mille choses. Son aspect redondant, dans un premier temps. Elle gangrène nos chutes de mails – parfois nos accroches ! – et cela peut être rédhibitoire… La tentation est grande, en apercevant dans sa boîte de réception un mail qui commence par

« Je reviens vers vous suite à… » de l'éjecter directement dans la corbeille. La tentation est grande, lorsqu'un interlocuteur commence sa phrase par *« Je reviens vers vous au sujet de… »* d'éructer des noms d'oiseaux que vous ne lirez ni pas ici ! Car c'est aussi cette idée que véhicule l'expression : si je reviens vers toi, c'est que je suis déjà venu une première fois. Et je reviendrai, encore et encore, tant que tu ne m'auras pas répondu. Ce n'est que le début, et tu n'as pas ton mot à dire. L'expression porte en elle cette idée d'insistance lourde, un harcèlement linguistique terriblement agaçant ! Pour les amateurs d'anglicismes, rappelons que nous avons là un parangon du genre, traduction artisanale de *« I get back to you later. »* Pourquoi ne pas dire *« je vous réponds dans la journée »*, ou *« je vous donne une réponse bientôt » ?* Mais ce qui dérange surtout, c'est le mouvement. En ce qui me concerne, quand je vais vers quelqu'un, je me déplace physiquement ! Mais à l'heure où nous envoyons des dizaines de mails et SMS par jour pour communiquer, l'idée de mouvement me paraît un peu déplacée : je ne pense pas me tromper en disant que jamais, au grand jamais, quelqu'un qui vous a dit qu'il *« revenait vers vous dans la journée »* s'est effectivement présenté à votre bureau quelques heures plus tard…

ON VA MANGER ?

08

Si les termes *« déjeuner »*, *« pause déjeuner »* ou *« l'heure du déjeuner »* existent, ce n'est pas pour rien. Le verbe *« manger »* est beaucoup moins joli et beaucoup plus primaire ! Pis encore, le très osé *« on mange où ce midi ? »*, ou bien *« tu manges ce midi ? »*. La réflexion est également valable pour l'heure, plus tardive, du dîner. Evidemment, les collègues qui partagent le dîner sont plus rares. Mais puisque la langue française nous offre le luxe de désigner chaque repas par un terme différent, pourquoi s'en priver ? Nous ne sommes pas des bêtes !

PAS DE SOUCI !

09

C'est un mal français qui nous a contaminés depuis déjà quelques années ! Dès 2009, *Le Figaro* l'écrivait dans les colonnes des pages saumon. Chômage, moral dans les chaussettes, pouvoir d'achat en berne… « *Pas de souci* » serait le « *remède des Français face à la crise* ». Rien que cela ! « *Les psychanalystes nous diraient que c'est une forme de dénégation de la réalité* », considère alors Bernard Cerquiglini, recteur de l'Agence universitaire de la francophonie. Au bureau spécifiquement, que cache exactement l'expression « *pas de souci* » ? Un grand nombre de soucis, justement ! Des soucis que l'on essaie de dissimuler par cette pirouette linguistique. « *Pas de souci* », par flemme de parler du souci, qui peut mener à l'altercation ! « *Tu peux aller à cette réunion à ma place demain matin ?* » « *Oui, pas de souci.* » Autrement dit : « *Je n'en ai aucune envie et cela m'ennuie profondément, mais je vais le faire quand même.* » Pourquoi ? Parce que si je refuse, nous allons devoir discuter… Quelle horreur ! Pourquoi l'expression énerve-t-elle autant ? Parce que nous connaissons sa connotation hypocrite. Elle a d'ailleurs un ancêtre : « *Tout va très bien, Madame la marquise* », interprétaient Ray Ventura et ses collégiens en 1935.

COMME UN LUNDI !

10

Comment allez-vous chers lecteurs ? *« Comme un lundi »,* me répondront probablement plusieurs d'entre vous. Une expression qui irritera inévitablement certains autres ! *« Comme un lundi »* est l'exemple type de l'expression qui rend une discussion stérile. *« Comment ça va ? » « Comme un lundi ! » « Bien, bon courage alors ! »* En plus du côté automatique et désagréable de cette réponse, elle semble porter en elle le même pessimisme qui colle comme un sparadrap à l'expression *« bon courage »,* justement ! Dans les deux cas, nous avons forcément affaire à des individus qui s'apprêtent à passer une journée – voire une semaine entière – de désespoir, dans un open space sinistre peuplé de collègues affreux... Ce n'est pas un mal passager. C'est encore plus grave que cela : *« Comme un lundi »* implique en effet que tous les lundis sont tous aussi moroses. Quel fatalisme ! Egayer un début de semaine relèverait alors du miracle... Et pourtant, *« comme un lundi »* veut dire autre chose. Le lundi fait suite au week-end, un moment de la semaine où généralement, on se repose. En répondant par cette expression, on peut donc également vouloir faire passer le message suivant : j'ai fait la grasse matinée, je suis allé me promener en forêt de Rambouillet, j'ai passé du temps en famille... Bref, je me suis détendu. Et je suis donc parfaitement reposé ! Dernière possibilité : sachant que le week-end est également un moment de la semaine où l'on dispose de temps libre, certains en profitent, a contrario, pour faire la fête et se coucher très tard. Autrement dit : ils sont encore moins reposés le lundi que le vendredi. Reste à savoir quand ces gens-là se reposent. Vous l'avez compris. Malgré son utilisation intempestive, *« comme un lundi »* est une expression qui veut tout et rien dire. Mais si l'on prend le phénomène de l'autre côté, le problème vient également de l'expression *« comment ça va ? »*. Cette question demande-t-elle vraiment une réponse constructive et argumentée ? Ou bien est-elle si impersonnelle qu'elle ne mérite qu'une réponse à la hauteur de son intérêt ?

C'EST SEXY !

11

« Ce qui m'agace profondément au bureau, c'est quand on me demande de rendre une idée, un raisonnement ou un rapport "plus sexy" ». « C'est pas sexy pour le client, tu peux reformuler ? »* ou « *Tu peux rendre ça plus sexy ?* », m'a écrit Pauline, une lectrice qui a effectivement mille fois raison : le terme « sexy » ne peut pas s'utiliser à outrance, pour tout et n'importe quoi. Un Powerpoint ne peut pas être sexy. Une réunion non plus. Je rappelle ici la définition qui figure dans *Le Larousse*. « *Adjectif invariable familier, provenant de l'anglais sexy : qui a un charme attirant et aguichant, qui a du sex-appeal.* » Je rappelle également que cet adjectif s'applique surtout à une personne physique ! Plus le contexte d'utilisation est décalé, plus le grotesque est accentué. « *Personnellement, je suis juriste sociale, je peux toujours re-retravailler mes écrits pour les rendre plus compréhensibles, plus clairs, plus faciles d'accès, mais "plus sexy", ça veut dire quoi ? Chaque fois que j'entends ça, je m'imagine en train d'intégrer des bonshommes qui envoient des bisous ou des guirlandes de fleurs à côté de mes pavés juridiques indigestes* », continue cette lectrice. J'ai éclaté de rire. J'espère que vous aurez trouvé cette chronique « sexy »…

JE DÉCONNECTE !

12

C'est devenu une obligation ! « *Et surtout, tu ne regardes pas tes mails, tu déconnectes* », conseille une manageuse à sa collaboratrice. Le meilleur moyen de lui mettre la pression ! N'obéissez pas au diktat de la déconnexion totale et à tout prix : vous allez passer des vacances atroces. Déconnectez juste un peu, ce que vous pouvez !

SAVE THE DATE !

13

« **C***omment ça, tu n'étais pas au courant de la date de notre mariage ? Nous avons envoyé un mail voilà maintenant plus de quatre mois !* » m'explique un ami un tantinet exaspéré alors que nous prenons un pot. Je rétorque avec assurance qu'une telle nouvelle ne pouvait pas passer inaperçue, même dans le flot continu – y compris durant l'été – qui inonde chaque jour ma boîte mail. « *Je pense que tu as dû oublier de me mettre dans ta liste de destinataires, voilà tout* », conclus-je devant son visage interdit. Croyant apercevoir de la fumée s'échapper progressivement de ses oreilles, je décide donc de vérifier cahin-caha ma boîte mail. Surprise : j'ai bel et bien reçu ce mail, que j'avais expédié dans la corbeille sans même l'ouvrir ! Avant que mon camarade se décompose complètement et mette fin à notre amitié manu militari, je lui explique les raisons de ma cruauté, que je découvre en même temps que lui. Tout réside dans l'objet de son mail. « *SAVE THE DATE.* » Voilà un anglicisme parfait pour annoncer un bel événement. Ce qui était effectivement sa vocation d'origine. Je ne condamne même pas l'anglicisme ! Utilisé avec parcimonie, il a le mérite d'interpeller à coup sûr le destinataire. Malheureusement, il fleurit tellement dans nos boîtes mail que son effet choc, digne d'une alerte sur notre smartphone, s'est quasiment évaporé… Un nombre trop élevé de « *Save the date* » finit par étouffer la bonne date à sauver. Celle-ci finit alors, à l'instar de celle du mariage de mon camarade, au fond de la corbeille gmail. Le « *Save the date* » n'est plus fiable, et il paraît fort complexe de lui redonner ses titres de noblesse, à l'heure où certaines marques l'utilisent pour annoncer le début de leurs soldes d'été, et certains collègues pour diffuser l'horaire d'une réunion à laquelle personne ne veut aller ! « *Edouard, tu me fais un petit mail Save the date pour la réunion avec le client s'il te plaît ?* » A l'oral, c'est encore plus indigeste. Trouvez des alternatives innovantes et subtiles à « *Save the date* ». Un combat essentiel pour éviter que vos événements importants tombent dans l'oubli avant même d'être découverts.

SHOOTER UN MAIL !

14

Consultants, banquiers et autres cols blancs, vous êtes bien évidemment visés ! Comment diable avez-vous pris l'habitude d'utiliser cette formule, aussi risible que dénuée de sens ? *« Shooter un mail »*. Je vous imagine envoyant un mail avec un bon coup de pied, de la même manière qu'un joueur de football tirerait un penalty. Même si l'image d'une séance de tirs au but avec ses gestes répétitifs est amusante – et légitime – pour illustrer cette expression, ce n'est pourtant pas au monde du football qu'elle a été empruntée, mais à celui des armes à feu. On shoote un mail comme on fait feu avec une mitraillette ou n'importe quel ustensile d'artillerie lourde. Shooter un mail, c'est dégainer, et bombarder au plus grand nombre de destinataires ! L'Académie française précise d'ailleurs qu'il s'agit d'un procédé ancien que l'administration des postes a baptisé du nom – très explicite – d'*« envoi en nombre »* ou *« envoi groupé »*. Comme de nombreux anglicismes, celui-ci est prononcé dans le but de se donner de l'importance. Shooter un mail à près de 600 personnes. Quelle adrénaline ! Nous sommes tous shootés de mails à longueur de journée, que nous soyons émetteurs ou destinataires. La massification de l'envoi des mails fait que, désormais, on ne se préoccupe plus des personnes physiques à qui l'on expédie. L'important, c'est que le message parte. Et qu'il soit reçu – lu, c'est une autre histoire – par le plus grand nombre de destinataires !

C'EST DANS L'ADN !

15

Omniprésent dans le discours de ceux qui essaient de « vendre » leur marque ou leur entreprise en s'aidant de la science ! « *Vous savez, chez nous, la bienveillance est vraiment dans l'ADN de l'entreprise* », expliquera ainsi un DRH. Traduction : chez nous, tous les gens sont viscéralement bienveillants ! On a le droit de rire ?

EN TOUTE TRANSPARENCE !

16

A notre époque, les « valeurs » de l'entreprise sont une véritable obsession. La grande valse à mille temps des valeurs perdure. La « transparence » est l'une des plus plébiscitées. Nombreuses sont les entreprises d'aujourd'hui à se targuer d'être *« transparentes »* sur absolument tous les sujets. Jusqu'au papier-toilette biologique 100 % recyclé non blanchi. Ou au café cubain pur arabica issu du commerce équitable. Un jour, j'étais à une conférence dédiée à l'innovation dans le secteur immobilier. Après une heure de conférence, un communicant apparaît. Il se lance. *« Moi, je vais vous raconter la vraie vérité. En toute transparence. »* Il n'a pas froid aux yeux ! Et les autres intervenants, qu'ont-ils dit pendant une heure ? Parlons-nous en toute transparence : sans langue de bois, sans détour. Et en disant la *« vraie vérité »*. Mon Dieu, comme c'est lourd ! D'autant que cette soi-disant transparence n'est pas ce qu'elle prétend être. La transparence est un miroir déformant. Je vous renvoie à l'illustration de cette chronique. Mieux qu'une valeur très largement exagérée, la transparence est entrée dans le jargon du cadre supérieur avec une facilité déconcertante ! « *Je vais être transparent avec toi* », « *En toute transparence, je vais te dire ce que je pense de ton projet* », « *L'entretien annuel est une excellente façon d'être transparent avec vous* »... Bien souvent, les aficionados de la transparence ont précisément des choses à cacher ! Comment expliquer ce besoin de souligner sans cesse que l'on est « *transparent* » dans ses actes et ses propos ? Pourquoi marteler à chaque phrase que l'on dit la (vraie) vérité ? Si l'on insiste trop sur certains éléments de langage, ils finissent par produire l'effet inverse que celui escompté. A l'instar de l'expression « selon une étude », dont la valeur a été amoindrie par l'existence d'études complètement débiles, « en toute transparence » finit par éveiller les soupçons. Regardez autour de vous : faites-vous confiance à tous ces gens qui se vantent sans cesse de vous dire la vérité ?

Y'A PAS DE SUJET !

17

De la même manière que « pas de souci » cache justement un réel souci, l'expression « y'a pas de sujet » cache elle aussi un sujet. Un *« vrai sujet »,* diront certains. Un sujet que celui qui prononce cette phrase ne veut pas aborder. C'est un postillon qui est censé mettre fin à la discussion. Exemple : *« J'aimerais bien prendre deux semaines pour les vacances de Noël, j'en ai parlé avec Untel et Untel, ça ne leur pose pas de problème. » « Personne ne prend deux semaines à Noël, y'a pas de sujet »,* répond votre N+1 sur un ton sec. Et si je pense qu'il y a un sujet, je fais comment ? La réponse est plus facile à dire qu'à mettre en application : je m'impose. Dans un strict premier degré, si l'on vous dit qu'il n'y a pas de sujet, et que vous pensez le contraire, libre à vous de le dire et d'argumenter. On ne pourra pas vous faire la même réponse deux fois ! Mais pour aborder le sujet, encore faut-il en avoir la possibilité. Quand Najat Vallaud-Belkacem (nous sommes en 2014, elle est alors porte-parole du gouvernement) défend la participation de Julie Gayet – la compagne du président François Hollande – à un jury au sein de la villa Médicis. Elle clôt son intervention d'un magnifique *« Et donc, y'a pas de sujet. »* Un cas d'école !

SANS TE METTRE LA PRESSION !

18

« J*e sors de réunion avec le client. Il serait préférable que tu termines le dossier X d'ici demain matin… Sans te mettre la pression »*, lance votre supérieur en entrant dans le bureau. La traduction est la suivante : *« Il faut que ce soit bouclé ce soir ! »* Le coup est dur. Après avoir poussé un long soupir et envoyé un SMS aux quatre amis avec qui vous deviez dîner ce soir – vous visez désormais un retour à la maison à 23 heures au plus tôt – vous analysez calmement la situation. *« Sans vouloir vous mettre la pression »*, votre faquin de chef a complètement chamboulé le cours de votre journée. L'expression est ironique, évidemment ! Mais plus elle vient d'en haut, plus elle met la pression ! Un mail de votre DG qui comporte l'expression *« sans te mettre la pression »* transféré à votre N + 3, puis +2, et enfin +1, avant d'arriver jusqu'à vous, suffit à provoquer une syncope chez un collaborateur un tantinet stressé de nature. C'est justement l'objectif de cette expression : vous mettre une pression colossale en vous disant le contraire…

COMME TOUT UN CHACUN !

19

L'irritation linguistique n'a rien de rationnel : il arrive fréquemment que l'on s'offusque de certains tics de langage qui sont pourtant tout à fait conformes à la langue française ! La sonorité, la forme ou la syntaxe d'une expression sont des critères qui peuvent susciter l'hostilité. « *Comme tout un chacun* » fait partie de ces expressions. En quelques mois, chers lecteurs, vous avez été 32 à m'écrire pour me suggérer d'anéantir à jamais cette expression ! En entendant le journaliste Julian Bugier – éminent présentateur du JT de France 2 – répéter deux fois cette expression en seulement trois phrases, je me suis dit que le moment était venu d'agir. Personne ne peut résister aux tics de langage. Et surtout pas les journalistes, qui ont des obsessions linguistiques, souvent inconscientes. Comme tout un chacun ! L'expression de monsieur Tout-le-monde. Une généralité qui réunit tous les êtres humains. « *Une nouvelle vie commence. J'ai simplement envie de vivre comme tout un chacun »,* a déclaré le cycliste Richard Virenque à *L'Equipe* en 2004 lorsqu'il a mis fin à sa carrière. Vivre comme tout un chacun. Devenir un être humain normal. A l'instar de François Hollande, qui se définissait comme un *« président normal » :* en dépit de tout prestige social, tout privilège et tout statut, avoir les goûts de tout un chacun. Enfumage ? Naturellement. Une expression lisse pour donner l'illusion de l'égalité et gommer les injustices. Une expression idéale, essentielle même, dans les indispensables de la langue de bois ! *« Les salaires sont gelés cette année. Comme tout un chacun, ma rémunération fixe ne changera pas »,* expliquera ainsi un membre du comex lors d'une convention pour ses cadres. Sans évoquer sa prime de fin d'année ni son bonus mirobolant ! Notons aussi que *« comme tout un chacun »* a également une dérive linguistique que l'Académie française a cru bon de dénoncer très récemment. De la même manière que certains ont pris la détestable habitude de remplacer *« quand même »* par *« comme même »,* d'autres ont troqué le *« tout un chacun »* – qui est grammaticalement correct, je le répète ! – par *« tout à chacun »,* qui n'a absolument aucun sens ! Cela nous renverrait à une triste vulgate marxiste qui signifierait que *« tous auraient tout ».* Un cas de figure qui n'arrive jamais, souligne l'Académie française, en dehors de ces vers de Victor Hugo, tirés de *Ce siècle avait deux ans* : *« O l'amour d'une mère ! Amour que nul n'oublie. Pain merveilleux qu'un dieu partage et multiplie. Table toujours servie au paternel foyer ! Chacun en a sa part et tous l'ont tout entier. »*

SORTIR DE SA ZONE DE CONFORT !

20

C'est le conseil ultime d'un manager à un jeune talent. *« Ce que j'attends, c'est vraiment que tu oses, que tu sortes de ta zone de confort »,* dira ainsi celui qui n'est jamais sorti de sa zone de confort, et qui a même bien l'intention d'y rester. La zone de confort, c'est une joyeuse hypocrisie d'entreprise. Qui enlèverait sa couette en plein hiver ?

C'EST JUSTE PAS POSSIBLE !

21

Il est effarant de constater à quel point la société a été contaminée par la tentation d'ajouter ce petit adverbe dans n'importe quelle phrase que l'on veut accentuer ! C'est juste terrifiant. C'est juste exaspérant. C'est juste insoutenable. C'est juste éreintant. « Juste » a remplacé « trop », qui était à la mode juste avant son arrivée. Désormais, on ne dit plus *« c'est trop hallucinant »*, mais *« c'est juste hallucinant »*. Voire pire : *« C'est juste trop hallucinant ! » :* le comble du comble ! A titre personnel, j'ai déjà entendu dans un couloir un collaborateur – manifestement très enthousiaste – s'exclamer : *« Non, mais attends, c'est juste hyper intéressant ! »* D'où vient cet abus de langage ? Des Etats-Unis. Et plus particulièrement du jargon des stars d'Hollywood… Notre « juste » est un anglicisme de la pire espèce. *I've Just Called to Say I Love You,* une chanson de Stevie Wonder, en est un exemple. Mais à l'oral, la tournure de phrase est encore plus choquante. On la trouve dans n'importe quel film ou série américaine en VO. Or, des films ou des séries US, nous autres Français en sommes fans ! C'est donc là que le bât blesse. C'est la raison pour laquelle en réunion – après nous être nourris de VO tout le week-end – nous parlons comme le héros ou l'héroïne d'une série Netflix.

C'EST UNE BONNE QUESTION !

22

Plantons un décor que nous connaissons tous : une salle de réunion dont l'ambiance a été étudiée pour être cool et chaleureuse comme notre salon. L'exercice est rarement réussi, mais qu'importe ! Chaises design de couleur vive, table en bois brut… Et à l'intérieur, une équipe d'une dizaine de personnes, réunies autour de leur manager pour un « *petit point* » hebdomadaire. Alors que l'échange touche à sa fin, un collaborateur pose cette question : « *J'ai appris que l'équipe marketing avait reçu des iPad Air nouvelle génération. Alors que nous n'avons eu que des anciens… Est-ce normal ?* » Silence. Les têtes se tournent vers le manager, qui se gratte pensivement le menton, avant de répondre : « *C'est une bonne question !* » Nouveau silence. « *Pour être totalement transparent avec vous, je l'ignorais ! Je vais me renseigner et je reviendrai vers vous sur ce point.* » C'est une bonne question ! La question est d'ailleurs tellement brillante, pertinente, que l'on est incapable de trouver une réponse digne de ce nom. *« C'est une bonne question »,* c'est l'art de botter en touche lorsque la réponse est inavouable. En l'occurrence, si l'on reprend l'exemple précédent, la vraie réponse est évidemment que ladite équipe marketing est davantage choyée et mieux traitée que certaines autres parce qu'elle crée davantage de valeur pour l'entreprise. Mais cette vérité est bien évidemment inavouable pour le manager, qui préfère feindre l'innocence et faire semblant d'être mal informé plutôt que de provoquer une mutinerie dans sa propre équipe à cause d'injustices matérielles ! *« C'est une bonne question »,* c'est aussi la réponse que l'on donne lorsque nos connaissances ne nous permettent pas de répondre en argumentant. Cette situation est encore plus gênante que la précédente. Pour masquer et faire oublier son incompétence, il n'est d'ailleurs pas rare que l'intéressé agrémente *« c'est une bonne question »* de quelque flatterie à l'attention de son auteur ! Aussi, il faut également veiller à ce que notre interlocuteur soit bien le plus habilité à répondre à notre question avant de la lui poser. Rares sont ceux qui possèdent les compétences pour répondre à tout et n'importe quoi. Il faut d'ailleurs s'en méfier !

J'AI UN BON FIT !

23

Personne n'est à l'abri d'une catastrophe relationnelle : un « mauvais fit » avec votre interlocuteur lors d'un entretien ou d'un rendez-vous. Ça passe ou ça casse. Cela vous est probablement déjà arrivé. Au moment où vous entrez dans une pièce pour rencontrer une personne, vous savez dès les premières secondes que ça va être une catastrophe ! Silences interminables, incompréhensions, comportements étranges… Parfois, c'est aussi physique : *« Décidément, sa tête ne me revient pas ! »* La vie est parsemée de *fits* manqués ou réussis. Il a également donné naissance au verbe *fitter*. Exemple : *« Alors, ça a fitté avec Jean-Michel ? »* Reconnaissons-le, cet anglicisme agaçant est aussi terriblement pratique pour une raison très simple. Aucun terme de notre belle langue ne peut effectivement le remplacer seul : il faut construire des phrases… Or, comme chacun le sait, on manque cruellement de temps en entreprise. Il faut tout faire vite. Sans prendre le temps. Cela vaut aussi pour notre façon de parler. Plus le message oral passe vite, mieux c'est. Si les Français l'utilisent tant, ce *fit,* c'est par paresse !

JE REBONDIS !

24

Un verbe qui fait penser à un célèbre animal australien… Au bureau, nous passons notre temps à rebondir les uns sur les autres : nos mails – le fameux *« répondre à tous »* permet justement de rebondir sans cesse – et en réunion, lorsque nous nous apostrophons ! Rebondir trop souvent sur tout et n'importe quoi peut donner le vertige. Ou une migraine.

EN MODE (VACANCES) !

25

C'est une expression insupportable qui s'est immiscée dans notre vocabulaire depuis des années… Cette mode insupportable qui consiste à dire que l'on est « *en mode* » quelque chose. « *En mode réflexion* », « *en mode dodo* », « *en mode apéritif* », « *en mode rageux* »… Rarement une expression n'a été aussi laide et lourde à la fois. « *Je ne peux pas te parler là, je suis en mode surbooké, complètement focus sur mon projet. Je reviens vers toi ASAP, dès que je serai en mode détente* », lance un collègue qui a la réputation d'être débordé et qui porte toujours son épais casque audio sur les oreilles. Aux alentours, les oreilles saignent. Peut-être les vôtres… D'où vient ce tic de langage ? Sur le web, plusieurs mythes expliquent que c'est le rappeur Rohff qui en est le père, grâce – ou plutôt à cause – d'une chanson éponyme sortie en 2006. Je vous épargne ici les paroles, que vous pourrez consulter sur Google s'il vous en prend l'envie. Est-ce réellement à cause de Rohff que l'on entend désormais

« en mode » jusqu'en réunion ? Pas certain. En réalité, cette expression remonte aussi à l'époque du Windows 98 ! Rappelez-vous : le doux bruit du modem 56K qui annonçait votre connexion à internet, et l'allumage de votre ordinateur… en mode sans échec ! En quelques années, nous sommes donc passés en mode gros échec linguistique. A l'heure où des études apocalyptiques annoncent que des robots vont nous subtiliser notre travail, et qu'il faut se méfier des ordinateurs et de leurs algorithmes, nous devrions commencer par ne pas parler comme eux. Expliquer à votre N+1 que vous êtes *« en mode surbooké »* revient à vous comparer à une machine. Or, sauf erreur de ma part, si vous lisez ces lignes, vous avez l'infini bonheur d'être un être humain. Votre lave-vaisselle est *« en mode »* éco ou lavage rapide. Votre iPhone est *« en mode »* avion ou économie d'énergie. Pas vous.

AU JOUR D'AUJOURD'HUI !

26

Cette expression fait l'unanimité contre elle. Et pourtant… Le simple fait que vous soyez si nombreux à vous en plaindre traduit que vos proches – amis et collègues – sont également très nombreux à l'utiliser. Les coupables doivent être dénoncés. *« Au jour d'aujourd'hui, nous n'avons pas de nouvelles du client sur ce dossier. »* Aïe. *« Les salaires sont gelés, cette année encore. Au jour d'aujourd'hui, je ne peux donc pas te donner d'augmentation. »* Vos dents grincent ? Tant mieux. Cette expression redondante est d'une laideur infâme, et ne veut strictement rien dire. Elle vous décrédibilisera totalement dans une conversation professionnelle. C'est le petit détail qui vous rendra insupportable aux yeux de l'autre. L'Académie française a d'ailleurs scellé – depuis fort longtemps – le sort de ce pléonasme et propose une alternative d'antan qui a beaucoup plus de panache : la tournure ancienne *« Ce jour d'hui »*. Si vous êtes de nature plus cynique, imaginez des variantes chronologiques à « Au jour d'aujourd'hui ». « Hier d'hier ». « A demain de demain ». Ou mieux : « A l'heure du jour d'aujourd'hui actuellement en ce moment ». Même si nous vivons à l'ère de l'immédiateté, où tout va très – trop – vite, ce n'est nullement une raison suffisante pour parler un français médiocre !

ASAP !

27

Valeur sûre de la novlangue de bureau depuis déjà quelques années, ASAP a ceci de pratique qu'il passe très bien à l'écrit, puisqu'il ne s'agit ni plus ni moins que d'une abréviation. En revanche, à l'oral, il va falloir rectifier le tir. De toute urgence. ASAP. Cela devrait figurer dans n'importe quel règlement intérieur !

BON COURAGE !

28

J'ai toujours été agacé par cette manie de décliner *« bon courage »* à n'importe quel moment de la journée et dans tous les contextes. Si vous vous êtes persuadé que *« bon courage »* est une expression positive, détrompez-vous ! On souhaite à quelqu'un *« bon courage »* avant qu'il affronte une tâche ingrate, un mauvais moment à passer… Exemple. A deux jours de votre départ en vacances, vous vous cassez malencontreusement la jambe en trébuchant dans les escaliers. Un événement pour le moins fâcheux, qui va à coup sûr contrecarrer vos plans de vacances. A ce moment-là, il sera légitime de vous souhaiter *« bon courage »* plutôt que *« bonnes vacances »*. Idem, si vous apprenez que votre ex-compagne – avec qui vous êtes en très mauvais termes – vient d'être embauchée dans votre entreprise, pour devenir votre N+1. *« Bon courage »*, vous souhaiteront alors à l'unissons vos amis et collègues. Et ils auront raison ! En revanche, pourquoi souhaiter *« bon courage »* à un collègue que l'on croise dans l'ascenseur ou au détour d'un couloir, sans raison apparente ? Pourquoi souhaiter du courage à quelqu'un qui s'apprête à passer une excellente journée très épanouissante ? C'est exactement la thèse que défend l'entrepreneur Philippe Bloch dans son livre *Ne me dites plus jamais bon courage !* : cette expression sous-entend qu'une journée de travail ne peut être que pénible. Et les racines latines du mot travail (le *tripalium,* qui est un instrument de torture) ne changent strictement rien à l'affaire. L'expression véhicule une connotation très négative. Comment passer une bonne journée après que l'on vous a dit *« bon courage » ?* C'est là, par excellence, le tic de langage fait pour nous miner le moral. C'est pourquoi, chers lecteurs, je ne vous souhaite pas *« bon courage ! »*.

J'AI PASSÉ L'ÂGE DE...

29

A quel âge a-t-on passé l'âge ? Dans le roman *Monsieur Malaussène* – le quatrième tome de la saga –, Daniel Pennac écrit : « *L'âge se révolte à tout âge contre l'âge !* » Enfant ou adolescent, nous sommes « *trop jeune* » pour agir comme un adulte. Adulte, nous sommes « *trop vieux* » pour agir comme un enfant. Au bureau, « *avoir passé l'âge* » de quelque chose a un sens très fort. Cela sous-entend que certaines tâches sont pour les jeunes, et d'autres pour les vieux. Or, le travail ne s'organise pas et ne se répartit pas en fonction de l'âge. La hiérarchie non plus. Au XXIe siècle, le management prône justement de casser les codes générationnels. L'âge importe peu. Dans le film *Le Nouveau Stagiaire,* Robert de Niro joue le rôle d'un stagiaire senior, débarquant dans une start-up d'e-commerce dirigée par une jeune femme ravissante – rôle joué par Anne Hathaway – d'une trentaine d'années. Peut-on être trop vieux pour être stagiaire ? Peut-on être trop jeune pour être patron ? L'expression est généralement employée pour se plaindre d'une tâche ingrate ou d'une situation que l'on juge contrariante. Vous avez passé l'âge ? Prise au premier degré, l'expression signifie que vous admettez que vous êtes dépassé. Je vous laisse méditer cette citation de Benjamin Franklin : « *On n'est jamais trop âgé pour s'instruire.* »

OUVRIR LES CHAKRAS !

30

Au nombre de sept, les chakras sont, selon la croyance hindoue et bouddhiste, des centres énergétiques qui gèrent le bon fonctionnement de notre corps et de notre esprit. C'est la grande mode : méditation, yoga, taï-chi et autres exercices de tranquillité ou de développement personnel. Inspirez, expirez : ouvrez vos chakras ! Une expression que les cadres adorent.

A DATE !

31

Rien n'indique, à date, que les salariés de notre pays aient pris conscience de ce tic extrêmement contagieux ! Il se glisse dans une phrase à merveille, si naturellement qu'il en devient presque imperceptible. On trouve ce calque de l'anglais – *to date et up to date* – dans les phrases qui contiennent une référence au temps, peu importe laquelle… jusqu'à l'absurde ! Exemple : au lieu de dire que le programme pour enregistrer ses congés n'est pas à jour, on dira qu'il n'est pas *« à date »*. Pis : le client ne nous a fait aucun retour jusqu'à date ! J'essaie donc à date de vous ouvrir les yeux.

Si en réunion, vous croyez entendre grincer des dents pendant votre prise de parole, ce n'est pas forcément le fruit de votre imagination. Il est fort possible qu'un tic de langage se soit glissé dans votre façon de vous exprimer, et qu'à date, vos collègues aient envie de vous faire manger votre tablette tactile ! Rien de définitif, heureusement !

Toutefois, il est urgent de réapprendre l'usage des synonymes bien français eux – tels que *« maintenant », « à ce jour » ou « en ce moment »,* et délaisser la novlangue pro. Concernant *« à date »,* j'ai également découvert que nos amis québécois ne se cachent pas – sur plusieurs sites web de linguistique – d'être les initiateurs de cet insupportable tic... Il serait donc mal venu d'accuser une fois de plus les Américains de tous nos maux ! *« A date »* n'est pas une tendance de ces derniers mois. C'est une expression dure à cuire, qui figure déjà dans de nombreuses listes érigées sur le modèle des *Topito* qui recensent les absurdités linguistiques ! Au jeu du bingo réunion, dont le principe fort amusant est de tourner en dérision le vocabulaire de vos collaborateurs durant une réunion, c'est une valeur sur laquelle on a de grandes chances de gagner... L'éradiquer est donc d'autant plus urgent !

PESER DANS LE GAME !

32

C'est une belle expression de ma génération de quasi-trentenaire. Mes amis l'utilisent, et je me suis moi-même une ou deux fois laissé tenter. Pourquoi ? Pour *« peser dans le game »*, justement, ou au moins y être, à défaut d'y peser… Une expression devient à la mode par mimétisme. Ce sont d'ailleurs justement ceux qui pèsent dans le game qui rendent une expression populaire. « Etre dans le game », veut dire être à la lumière, avoir le pouvoir d'agir, dans une situation qui nous met en valeur. *« Il a été mis au placard. Sur la touche. Il n'est plus dans le game »*, dira-t-on d'un collaborateur dont le poste a été amoindri… Dans le monde du travail, être dans le game ne veut pas dire qu'on y pèse ! Il ne suffit pas d'être un petit chef, un roquet stupide assoiffé de pouvoir. Il faut faire l'unanimité, être inspirant, faire figure d'exemple. L'humilité, le charisme et la façon de s'exprimer également. « Peser dans le game » n'est pas français. Conclusion et traduction : pour être « dans le jeu », à la lumière, ou dans la cour des grands, il va vous falloir l'éradiquer de votre vocabulaire !

C'EST CONFUSANT !

33

Tout est dans le titre ! Pourquoi diable s'inspirer d'un mot anglais – confusing – pour concevoir cet affreux *« confusant »*, alors que dans notre langue, il existe des dizaines de mots qui signifient exactement la même chose ? ! Confusant, non ? Ou plutôt affolant, étonnant, déconcertant, troublant, et… démoralisant !

TU AS PRIS TON APRÈS-MIDI ?

34

Il est 17 h 15. Vous éteignez votre ordinateur, vous ramassez vos quelques affaires, et enfilez votre manteau. *« Tu as pris ton après-midi ? »* lance un collègue. Silence gênant dans l'open space. Cette scène se déroule des milliers de fois par mois dans les entreprises françaises, avec un pic d'utilisation le vendredi. La remarque a, certes, les saveurs d'une douce plaisanterie, mais vous savez qu'en vérité, elle est on ne peut plus sérieuse. Penaud, vous regardez vos souliers, bafouillant que *« vous devez prendre un train »*, et que *« le prochain est à 22 heures »*. Mensonge ! Vous l'avez pris en toute connaissance de cause, pour vous offrir le luxe d'un week-end un tantinet plus long… Et alors ? Pourquoi diable vous sentir coupable de quitter le bureau plus tôt que les autres et que vous n'avez plus rien « sur le feu » ? Parce qu'en France, nous avons cette très mauvaise habitude managériale de valoriser les salariés qui restent très – trop – tard au travail, même s'ils n'ont plus rien à faire depuis

16 h 30. Dans certaines entreprises, le présentéisme tourne même au concours, et génère des stratagèmes aussi grotesques que la question *« Tu as pris ton après-midi ? »* afin de simuler son implication au travail grâce aux heures sup : laisser constamment sa lampe de bureau allumée en signe de présence – tant pis pour la RSE ! – ou bien poser nonchalamment une veste sur le dossier de sa chaise... Je connais également de brillants consultants qui se targuent de programmer l'envoi de leurs mails très tôt le matin ou très tard le soir pour faire croire qu'ils sont constamment *« en veille » !* Fort heureusement, le règne impitoyable de la présence au travail à tout prix ne durera pas. Le télétravail, les tiers lieux, outils numériques et autres nouveaux modes de management vont finir par avoir raison du présentéisme. Partir le premier du bureau ne sera alors plus une tare. Et les collaborateurs qui font bêtement culpabiliser les autres en les apostrophant avec l'expression sus-citée passeront pour d'affreux tortionnaires, infantiles et rétrogrades !

VOILÀ VOILÀ VOILÀ

35

Voilà, c'est probablement l'un des tics de langage les plus agaçants au monde. Voilà un petit mot fort utile pour les paresseux. Pourquoi ? Parce que c'est un joker. Une roue de secours. Une carte salvatrice que l'on brandit dès lors que l'on est incapable d'argumenter… ou bien que l'on a une flemme énorme de répondre correctement à son interlocuteur. Le petit terme passe-partout *« voilà »* qui se répand aux quatre coins d'une discussion signale une profonde marque d'irrespect pour l'interlocuteur. Voilà en début de phrase. Voilà en milieu de phrase. Voilà en guise de point final. Le premier traduit une flemme de participer à cette discussion. Le deuxième signifie une envie d'en finir au plus vite en écourtant ses argumentations. Le dernier fait office de point final : *« Voilà, c'est comme ça et pas autrement. Voilà, j'ai raison, et nous pensons la même chose. Pas besoin de débattre. »* Voilà est utilisé pour montrer son assurance et pour prouver – en guise d'autosatisfaction – le bien-fondé de son raisonnement ! A l'oral comme à l'écrit, c'est désastreux… Double peine : l'utilisation du *« voilà, voilà »,* pour terminer une argumentation courte et pauvre. J'ai doublement raison, et je me moque pas mal de votre avis.

JE VOUS LA FAIS COURTE !

36

Non seulement cette promesse ne sera pas tenue, mais en plus, elle est très mal dite sur la forme ! *« Je vous la fais courte »* n'est pas français et n'est absolument pas une expression distinguée… Rien de pire pour commencer une réunion de la pire des façons : *« Je vous la fais courte »* suivi d'un monologue inintéressant de dix minutes.

JE SUIS OFF !

37

C'est précisément le rêve de n'importe quel salarié qui effectue des horaires à rallonge. Souffler. Prendre du repos. Se mettre au vert. *« Etre off »* une semaine entière, pour les plus chanceux. Uniquement quelques jours, voire quelques heures pour certains autres. C'est un tic de langage qui a contaminé la totalité des mondes du travail français. *« Demain je suis off »*, entend-on souvent au bureau, dans la bouche d'un collègue satisfait d'avoir réussi à *« poser »* son vendredi à l'aube d'un week-end de trois jours. Très souvent, l'acte d'être off porte en lui une connotation de brièveté. Il est impossible *« d'être off »* plus d'une semaine. Pourquoi ? Sinon, cela devient des vacances ! Off de quoi ? Absurde sur un plan linguistique, évidemment. Anglicisme et cætera.
Il me paraît nécessaire de faire un « petit point » de langue française. De quoi l'expression « être off » est-elle le nom ? D'une incongruité linguistique, certes. Une infamie anglicisante également. Mais c'est aussi une expression extrêmement symbolique et imagée ! Tourner le bouton sur

« off ». L'image de l'interrupteur que l'on pousse vers le bas. Le jour et la nuit. *« Je suis off »* est un message catégorique. Il implique une indisponibilité nette, imperturbable. Quitter le bureau en précisant son statut *« off »* pour le(s) jour(s) à venir a le même effet que d'afficher un panneau *« Ne pas déranger »* sur la porte d'une chambre d'hôtel ! Qui s'aventure à rompre cette quiétude s'expose à de graves ennuis… Il est temps de rétablir la vérité, qui est bien loin d'être aussi simple qu'un interrupteur. A notre époque, personne n'est jamais vraiment « off ». Mails, SMS, voire appels téléphoniques – émanant des managers les plus irrespectueux – et autres bruits numériques viennent constamment troubler notre repos, même si la bienséance l'interdit. Aujourd'hui, on n'est vraiment off qu'en haut d'une montagne, sans 4G ni connexion Wi-Fi, dans l'incapacité matérielle d'être dérangé. Etre off est aussi un bon moyen de pousser à l'extrême le présentéisme. La preuve ? Repensez à toutes ces personnes qui ont répondu à un mail ou un SMS en commençant par *« Je suis off aujourd'hui, mais… »*

INCESSAMMENT SOUS PEU !

38

Pourquoi diable pardonner l'utilisation de certains pléonasmes, alors que d'autres sont tolérés et utilisés ? Peu de chance, en effet, que vous entendiez au bureau des collègues qui *« montent en haut »*, *« descendent en bas »* ou *« prévoient à l'avance »* un rendez-vous. C'est beaucoup trop ridicule. *« Le client doit m'appeler incessamment sous peu. Je te fais un mail pour récapituler tout ça »*, vous lance un collègue en quittant le bureau. Pire : *« Patrick devrait arriver incessamment sous peu. Nous l'attendons avant de commencer la réunion. »* Mon Dieu. Nous sommes loin du pléonasme *« Je l'ai vu, dis-je, vu, de mes propres yeux vu »*, de Molière, qui est, lui, purement stylistique. Le pléonasme est doublement absurde ! Pourquoi ? Parce que le fait d'ajouter *« sous peu »* après *« incessamment »*, renforce l'idée de temps… mais sans aucune précision concrète. Cela peut donc s'apparenter à une muflerie. Essayez de répondre *« incessamment sous peu »* à votre N+1 qui vous demande pour la cinquième ou sixième fois quand vous allez enfin rendre ce travail qu'il attend depuis plusieurs jours. Je suis prêt à parier que vous serez bien reçu !

ON PART SUR !

39

On part sur un petit texte qui va faire office de défouloir : cela va à la fois me libérer d'un poids énorme et vous offrir les lignes rêvées à envoyer par courriel à vos collègues coupables de cette infamie. *« On part sur un produit novateur qui va révolutionner l'approche de la consommation des Français »*, entend-on en réunion, dans une agence publicitaire, dès le lundi matin. *« On part sur une belle entrecôte bleue avec des frites et une sauce au poivre »*, entend-on à l'heure du déjeuner. *« On part sur un grand verre de pouilly-fuissé »*, entend-on encore quand vient l'heure de l'apéritif entre collègues. Otez-moi d'un doute terrible : on part sur quoi, au juste ? Absolument rien. Personne ne part. Tout le monde reste. La seule chose sur laquelle il est possible de partir, ce sont les chapeaux de roues. En bureaulogie, l'expression qui décrit un mouvement physique a une reine mère ! C'est le syndrome du *« Je reviens vers vous. »* Jamais quelqu'un qui a assuré *« revenir vers vous »* dans la journée ou la semaine n'est parvenu à se présenter de visu en respectant son engagement. De la même manière, jamais quelqu'un qui a soutenu *« partir sur une entrecôte bleue avec des frites et une sauce au poivre »* n'a osé s'asseoir sur son repas.

JE VOUS LAISSE ÉCHANGER !

40

Un courriel « coup de gueule » d'un lecteur a attiré mon attention : ce dernier a dû faire face à des collaborateurs un peu zélés, qui voulaient utiliser le verbe *« échanger »* dans n'importe quel contexte : il n'y a plus de discussions, de dialogues, de débats, ou n'importe quel autre moyen de communiquer ! Il n'y a que des *« échanges »*. Il était donc nécessaire d'avoir un vif échange avec eux à ce sujet. Partons d'un principe très simple, qui peut déjà à lui seul porter un coup fatal à ce tic de langage infâme : il est possible d'échanger un numéro de téléphone, une carte de visite ou encore une capsule Nespresso avec un collègue, il est en revanche impossible que deux personnes échangent. Cela n'a pas de sens. Cela ne *« fait pas sens »*, diront certains consultants ou marketeux qui n'ont pas peur du ridicule ! Il est urgent de faire taire ces « échangistes » de bureau qui inondent nos entreprises. Exemple avec ces fragments d'une discussion entre un manager et son subalterne. « *J'avais ce matin une réunion avec Philippe, il a un nouveau collaborateur qui est très "péchu", mais qui a bien du mal à prendre de la hauteur sur les sujets RH. Comme tu connais bien ces problématiques, je lui ai dit que tu allais échanger avec lui.* » Echanger quoi ? Echanger de poste ? Echanger de bureau ? Second exemple. Deux collègues à la machine à café. « *J'ai assisté tout à l'heure à un échange entre Michel et le DGA... C'était chaud !* » C'est du sérieux. Une fois encore, je vous renvoie à l'illustration de cette chronique. Afin d'éradiquer l'échangisme de bureau, je vous dévoile un plan d'attaque qui devrait porter ses fruits si vous, fidèles lecteurs, l'appliquez à la lettre : échangez ce livre avec vos amis, vos collègues, via vos intranets d'entreprise et vos réseaux sociaux respectifs. Faites en sorte que cette bonne parole soit lue par le plus d'actifs français possible. Je vous laisse échanger cette chronique autant de fois qu'il sera nécessaire pour que le message passe.

SKY IS THE LIMIT !

41

C'est une expression reine dans le monde des start-up ! Une réflexion qui traduit l'enthousiasme et les rêves – parfois complètement démesurés – des entrepreneurs en herbe. « *Sky is the limit !* » Rien que ça ! Il existe d'ailleurs un entrepreneur qui a mis en abîme cette expression : Elon Musk et sa conquête de l'espace.

C'EST SUR LA ROADMAP !

42

Ceci est une scène authentique de vie de bureau au *Figaro !* *« Où en sommes-nous du projet de remontée et de modification des articles du magazine sur le web ? »* s'enquiert un camarade auprès d'un collègue. *« Ne t'inquiète pas, c'est sur la roadmap ! »* lui répond-il d'un air enjoué. Le sang du premier n'a fait qu'un tour. *« Quand j'ai entendu ça, j'ai eu envie de passer ma tête dans un mixeur »*, m'a-t-il confié, la tête entre les mains, les joues encore rougies par l'émotion. J'ai enfilé mon costume de psychologue et l'ai consolé en lui expliquant qu'effectivement, la charcuterie de la langue française fait des ravages. Répondre à un collègue qu'un projet est *« sur la roadmap »* – sur la feuille de route ! – est une excellente façon de botter en touche. La traduction est la suivante : *« Au mieux, ce projet n'est pas une priorité, mais sur un malentendu, il peut le devenir. »* C'est sur cette même *roadmap* qu'échouent chaque année des milliers de projets dans le monde, qui ne verront jamais le jour. Pour vous imaginer ce qu'est une *roadmap,* imaginez le péage de Saint-Arnoult un vendredi soir, le week-end du 14-Juillet. Toutes ces voitures, ce sont vos projets : ils finiront par passer, mais difficile de savoir quand…

ÇA FAIT SENS !

43

« Eurêka ! », pourrait-on s'exclamer après avoir eu une idée géniale lors d'une séance de remue-méninges avec son équipe de boulot. *« Riche idée ! »,* pourraient alors répondre en chœur vos chers collègues, enhardis par votre éclair de génie. Evidemment, cette scène est aussi utopique et fausse qu'une photo prétexte de réunion trouvée sur une banque d'images. Quant à *« Eurêka »,* n'ayant jamais eu le loisir de travailler avec Tintin – un célèbre et brillant reporter qui l'emploie à foison –, je n'ai encore jamais entendu quelqu'un prononcer ce mot plein d'énergie positive au travail ! Dieu sait que de l'énergie positive, nous en avons tous bien besoin. Et pourtant… Pourtant, dans les entreprises françaises, pour souligner une bonne idée ou pour valider un argument, nous n'avons que faire de la richesse lexicale de notre belle langue ! Par habitude et paresse, nous préférons tous utiliser les mêmes mots, déformés, américanisés.

« Ça fait sens » en est un magnifique exemple. *« Ça fait du sens »*, diront même certains, méticuleux quand il s'agit de parler n'importe comment ! Sens de quoi ? Une idée peut avoir du sens, en effet. Elle peut également prendre tout son sens quand il s'agit d'une révélation qui résout un problème ! Mais à quoi rime cette utilisation généralisée de *« faire (du) sens » ?* Cela me fait peur. Il faut faire face. A qui la faute ? Aux deux locutions verbales suscitées – entre autres – où « faire » est directement suivi d'un substantif, qui ont servi de modèle pour construire de nouvelles expressions sans queue ni tête, dont « faire sens » pourrait être l'étendard ! L'Académie française a consacré un billet à ce dérivé de l'anglais *to make sense* sur son site. La tendance est si forte que même les plus nobles représentants de la langue française et ses amoureux les plus fidèles se laissent parfois prendre au piège ! Par mode ou par inattention française !

LES VACANCES D'ÉTÉ, C'EST DEMAIN !

44

La vie de bureau est si théâtrale ! Que d'exagération, que d'angoisse… pour rien du tout. Qu'il est bon, parfois, d'utiliser son premier degré de compréhension. Il est impressionnant de constater à quel point, chaque jour, des dizaines d'événements, dates butoirs, et autres impératifs ont lieu demain ! Nous sommes le 10 novembre. *« Benjamin, tu as avancé sur le projet ? Je te rappelle que nous avons rendez-vous avec le client le 2 décembre, et que c'est demain. »* Non, voyons. C'est dans vingt jours, très exactement. Au bureau, cette expression ridicule permet de créer l'illusion selon laquelle le jour J est imminent, et qu'il est urgent d'agir en conséquence. Dans le jargon d'un manager, insister sur le fait qu'une date butoir *« est demain »,* c'est une façon habile de mettre la pression. En douceur. Ce qui est amusant avec les individus qui ramènent tout à *« demain »,* c'est qu'ils représentent l'extrême opposé de ceux qui remettent tout au lendemain : de la contre-procrastination !

PRATICO-PRATIQUE !

45

Pratique, cette expression. Je dirais même *« pratico-pratique. »* Voilà une petite formulation « *franco-française* » extrêmement contagieuse que l'on attrape facilement ! « *Tiens, tu n'aurais pas une petite appli pratico-pratique qui me permettrait de mieux classer mes mails sans avoir l'impression d'être sans cesse noyé dans la masse ?* »

ON EN EST TOUS LÀ !

46

La réputation de grincheux qui colle à la peau du Français n'est plus à prouver. Elle lui colle à la peau à l'instar du sparadrap du capitaine Haddock. Nous aimons nous plaindre, nous lamenter, raconter notre triste sort à qui veut l'entendre… A fortiori lorsqu'il concerne notre vie de bureau ! L'herbe est toujours plus verte ailleurs – dans la situation professionnelle de nos amis, par exemple – que sous nos pieds. *« Bon courage ! »*, avons-nous pris l'habitude de lancer à nos collègues en les croisant dans le couloir, comme s'ils se rendaient au bagne. *« On en est tous là »*, concluons-nous fréquemment lorsque nous évoquons notre quotidien au travail… Ce *« là »*, représente l'ensemble de nos petites frustrations personnelles ! En vérité, évidemment, nous n'en sommes pas tous au même point. Nos situations professionnelles sont rarement symétriques et comparables, y compris pour ceux qui exercent le même métier. Y compris pour ceux qui sont les ambassadeurs de la même entreprise, et porteurs du même maillot ! « *On en est tous là* », se lamentent-ils souvent, en constatant une décision peu heureuse de leur direction commune… Exemple : discussion entre deux collègues après une réunion ratée et inutile où un manager a, une fois de plus, prouvé l'étendue de son incompétence à ses équipes. « *Tu te rends compte, il parle de transition digitale, alors qu'il utilise toujours Internet Explorer* », commence l'un. « *On en est tous là. Dans mon ancienne boîte, j'avais un boss qui pensait que* Gif *était le surnom d'un stagiaire.* »

« *On en est tous là* » est de plus en plus agaçant à mesure que celui qui le dit est un privilégié et jouit donc d'avantages que son auditoire n'a pas. « *Désolé, mon métro s'est arrêté après que quelqu'un s'est jeté sur la voie. Ensuite, j'ai dû attendre dix minutes le bus sous la pluie* », explique un jeune consultant trempé jusqu'aux os pour tenter d'expliquer son retard à son manager. « *On en est tous là* », lui répond ce dernier, qui vient tous les matins en chauffeur privé payé par l'entreprise. Cocasse. Force est de constater qu'il y a deux poids deux mesures. Mais il existe effectivement un point sur lequel « *On en est tous là* » sera toujours approprié : écouter nos collègues ou nos proches se plaindre de leurs petits tracas du quotidien !

BERTRAND ET SES ÉQUIPES !

47

Vous connaissez peut-être le groupe de rock festif Marcel et son orchestre. Prenez une équipe dans n'importe quelle entreprise, ajoutez son manager, et vous obtiendrez ceci : *« Je tiens à remercier Bertrand et ses équipes pour avoir mené avec brio ce superbe projet »*, pourrait dire le patron d'une entreprise devant un parterre de collaborateurs. Ses équipes ? Qui sont-ils ? Combien sont-ils ? On ne le saura jamais. *« La reconnaissance vieillit vite »*, écrit Aristote dans son *Ethique à Nicomaque*. *« La reconnaissance a la mémoire courte »*, dit Benjamin Constant. Certes. Mais le geste de reconnaissance, qu'il soit bref ou même factice – c'est souvent le cas dans le monde du travail – est salvateur. Malheureusement, en matière de compliments et de reconnaissance, l'offre est largement inférieure à la demande. Qui ne s'est jamais senti trahi, après avoir accompli un travail monstrueux, en étant à peine remercié pour ses prouesses et ses heures supplémentaires ? Si les fameuses *« équipes »* ne sont composées que de quatre personnes, pourquoi ne pas citer chacune d'entre elles ?

IL EST DRIVÉ PAR L'ARGENT !

48

Et vous, par quoi êtes-vous drivé, chaque jour au bureau ? Je ne parle pas de votre voiture ou de votre ligne de bus. *« Je suis drivé par la croissance »,* pourrait répondre n'importe quel chef qui a sans cesse en tête ses objectifs de performance. *« Il est drivé par l'argent ! »* pourrait regretter un collaborateur à propos de son chef qu'il méprise… ou qu'il jalouse. *« Je suis drivé par l'humain »,* pourrait assurer un manager qui a le souci des bonnes relations humaines avec tous les membres de son équipe et qui veut paraître irréprochable. Et moi-même, par quoi suis-je drivé en écrivant ce texte ? Je vous rassure : je ne l'ai pas écrit au volant d'un break Volvo. En revanche, ce qui m'anime et me motive, c'est de vous montrer avec humour et autodérision l'absurdité de notre façon de parler à tous… J'ose espérer que vous êtes touché par ces nobles sentiments, et que vous aussi, vous êtes le « bureaulogue driven » ! Je vous laisse déglutir difficilement, et entreprendre vous-même la traduction !

JE ME METS EN ARRÊT !

49

Le sujet des congés est une valeur sûre à la machine à café ou en salle de pause. Ou plutôt celui des *« arrêts »,* un terme très galvaudé… Imaginez. Deux collègues discutent en se délectant d'un Nespresso. *« Je ne supporte plus Audrey, c'est une c ******, je vais finir par lui faire gober son smarphone ou crever un pneu de son vélo électrique »,* assène l'un, ivre de rage. L'autre : *« Il faut qu'elle comprenne que tu es irremplaçable. Tu n'as qu'à te mettre en arrêt. »* En voilà une riche idée. *« Te mettre en arrêt. »* Un arrêt maladie, donc. Etrange conseil ! Un salarié aurait donc le pouvoir de décider d'être malade ? Mieux : il pourrait choisir de se mettre lui-même en arrêt, alors que cette décision est censée être arbitrée ou décidée par un médecin généraliste ? Ne soyons pas hypocrites : qui n'a jamais entendu un collègue prononcer les mots *« Je vais me mettre en arrêt »* après un différend avec un supérieur, par exemple, ou après une décision incomprise ? Le collaborateur pourrait dire : *« Je vais pren-*

dre quelques jours de repos » ou « Je vais souffler quelques jours ». « Se mettre en arrêt maladie » est beaucoup plus fort. L'aveu d'être malade de son travail sans l'être vraiment. Attention : évidemment, je ne dis pas que tous les arrêts maladie sont factices, bien au contraire ! Mais cette expression à la mode traduit bien quelques abus… Il suffit d'une petite recherche Google pour en avoir le cœur net et de lire, par exemple, ce témoignage intitulé *« Comment j'ai obtenu trois semaines d'arrêt maladie… sans être malade » !* Car ceux qui disent *« se mettre en arrêt »* n'exagèrent en rien : ils savent très bien que ce sont eux qui décident de l'être, et que le médecin n'est qu'un intermédiaire pour en obtenir l'autorisation ! *« Nul besoin d'une bonne raison pour s'arrêter, et vous choisissez la durée, le nombre de renouvellements… Si votre médecin a l'impudence de refuser, il suffit d'en voir un deuxième (voire un troisième si celui-ci refuse). Pourquoi se priver ? »,* m'a écrit un lecteur, médecin depuis trente ans sans avoir eu le loisir de se mettre en arrêt. Certains de ses confrères, en revanche, les distribuent comme des petits pains : la Caisse primaire d'assurance-maladie des Flandres a récemment épinglé un médecin qui avait délivré 4 200 jours d'arrêt maladie… en seulement quatre mois !

ENTRE GUILLEMETS !

50

Irritant à souhait ! D'autant que bien souvent, celui qui met « *entre guillemets* » l'un de ses propos accompagne cette expression de la fameuse gestuelle correspondante : les deux mains levées avec deux doigts qui forment les guillemets. Soupirs garantis en salle de réunion !

JE PARLE SOUS TON CONTRÔLE !

51

Posez-vous la question : à quel moment votre parole est-elle libre et non influencée ? Rarement ! En entreprise plus qu'ailleurs, la parole est accordée, contrôlée, pesée… Une expression formidable existe pour vous protéger de toute incohérence ou absurdité. Chaque fois que vous parlez devant un public – composé de 2 à 999 personnes – et que vous n'assumez pas complètement vos propos, commencez chaque intervention par l'expression suivante : « *Je parle sous le contrôle de…* » Ou encore : « *Je parle sous ton contrôle.* » Cette expression aussi couarde qu'absurde recèle plusieurs bénéfices plus ou moins cachés. Exemple : « *Je parle sous le contrôle de Michel, notre excellent directeur commercial, mais le mois dernier, nous avons constaté une hausse de 9 % sur la vente de tel produit !* » Plus l'annonce et l'ampleur des propos sont importantes, plus la formule s'impose ! Cette expression est garante du droit à l'erreur en réunion. Parler sous le contrôle de quelqu'un – et le citer à maintes reprises – peut également faire office de flagornerie. « *Je parle sous le contrôle d'Untel* » est donc à la fois une expression pour les couards et les flagorneurs !

MERCI D'AVANCE !

52

Dieu sait que le savoir-vivre et la politesse au bureau sont des sujets qui me préoccupent. Sans parler de faire trop de manières et d'être trop bien élevé. Qui n'a jamais été froissé lorsque, au détour d'un couloir, un « *Bonjour !* » claironnant et jovial à l'attention d'un collègue est resté délibérément sans réponse ? Qui n'a jamais eu envie de hurler en discutant avec un camarade de bureau qui pianote sur son iPhone tout en faisant semblant d'écouter, acquiesçant débilement sans comprendre ? Qui ne s'est jamais retrouvé pris en sandwich entre les portes en montant dans l'ascenseur, parce qu'un collègue très pressé avait appuyé frénétiquement sur le bouton fermeture. Notre époque de l'immédiateté, où tout doit être effectué à toute vitesse, nous a fait perdre le fil de la bonne éducation… Pourtant, c'est une valeur refuge pour les Français, au même titre que l'orthographe. La politesse est une valeur si importante qu'elle est parfois poussée à l'extrême. Ce qui la rend absolument insupportable. « *Merci d'avance* » fait partie de ces expressions un tantinet trop polies. « *Je n'en peux plus, je suis au bout du rouleau* », m'a confié une lectrice sur un réseau social très connu à la couleur bleue. Qui est l'utilisateur « type » de cette expression ? Si ce n'est pas votre supérieur hiérarchique – tant mieux pour vous ! –, c'est en revanche forcément un manager qui s'adresse à l'un de ses collaborateurs. Pourquoi ? Parce que « *merci d'avance* », contrairement à sa fallacieuse douceur, est un ordre catégorique. Il ne laisse pas au destinataire le choix de répondre non. « *Chère Isabelle, le client vient d'appeler, il veut le document pour ce soir, finalement. La deadline est donc un peu serrée. Merci d'avance.* » Merveilleux ! De l'autre côté de l'écran, Isabelle pousse un juron : elle était précisément sur une autre urgence et n'a absolument pas le temps de se charger de cela. Pendant une poignée de secondes, elle pense répondre : « *Je n'ai absolument pas le temps, fais-le toi-même. Merci d'avance.* » Mais elle se souvient que sa N+1 a un caractère de cochon. A fortiori, un lundi matin.

ON SE FAIT UN PETIT POINT ?

53

« *OK, Eric, ça roule. Tu m'envoies un petit mail et on se fait un petit point demain en fin de journée.* » Bingo ! Cette obsession que nous avons pour l'adjectif « *petit* » afin de parler de tout et n'importe quoi. La petite réunion. Le petit briefing. La petite correction. La petite erreur. Le petit coup de téléphone. Très souvent, tous ces petits cachent des gros. Cette omniprésence linguistique n'est pas anodine ! L'adjectif « petit » est là pour adoucir, apaiser. Il est plein de bienveillance. Lorsqu'un collègue vient vous voir à votre bureau avec un grand sourire – chose déjà inhabituelle – et vous aborde en vous disant, sur la défensive : « *Dis-moi, tu pourrais peut-être me rendre un petit service...* » Ce « *petit* » service n'a rien de petit, sinon, plutôt que d'utiliser cette expression, votre interlocuteur vous aurait dit explicitement de quoi il s'agit ! Nous autres Français adorons dire quelque chose tout en pensant le contraire ! Parfois, il est possible qu'un petit verre après le boulot se transforme en pot colossal jusqu'à une heure avancée de la nuit ! Nous maîtrisons la rhétorique et ses figures d'atténuation.

JE ME FÉLICITE !

54

C'est pourtant une erreur classique à ne jamais commettre : ne pas dire : « Je m'excuse. » On ne s'excuse pas soi-même, c'est bien connu ! Alors pourquoi diable certains se félicitent-ils ? ! *« Je me félicite d'avoir obtenu de si bons résultats au dernier trimestre »*, expliquerait par exemple un directeur commercial. Il devrait commencer par féliciter ses équipes.

JE SUIS AU BOUT DE MA VIE !

55

On l'entend parfois dès le lundi matin. Dans la bouche des managers débordés, celle de nos collègues les plus stressés, ou bien dans la bouche de ceux qui n'auraient pas profité du week-end pour se reposer, mais pour faire la fête jusqu'à potron-minet. En accroche d'un entretien annuel, elle prédit une discussion tendue voire hostile. Le vendredi, lorsque la perspective de partir en week-end est masquée par une *to-do list* longue comme le bras, on est parfois tenté d'asséner à voix haute. *« J'ai trop de travail à finir, je n'y arriverai jamais. Je suis débordé. Sous l'eau. Je suis au bout de ma vie. »* Voilà un tic de langage contemporain que l'on ne cafouille pas dans sa barbe. On le clame haut et fort, d'un désespoir éclatant ! *« Chui au bout de ma life »,* osent les plus téméraires, probablement nostalgiques de leurs années collège. Naturellement, son emploi est très largement excessif ! Au sens propre comme au sens figuré. Le lendemain de la soirée annuelle de l'entreprise ou d'un pot de départ très arrosé peut effectivement s'avérer complexe. Difficile de rester éveillé toute la sainte journée. Mais la vie continue ! Les rois du mélodrame peuvent être *« au bout de leur vie »* plusieurs fois par jour. Pour des choses anodines. Chargeur oublié à la maison. Ascenseur ou machine à café en panne. N'importe quelle occasion est bonne pour être arrivé au bout du rouleau. Et énerver ses voisins de bureau. Cette expression de collégien n'a pas sa place dans un open space. Ni celui d'un grand groupe, ni celui d'une start-up, ni dans une PME. Vous voulez la preuve de sa connotation péjorative et très peu professionnelle ? C'est l'une des phrases fétiches de la star de télé-réalité Nabilla Benattia, après le ridiculement cultissime « Nan mais ALO quoi », que je n'ai fort heureusement encore jamais entendu dans un couloir... Une phrase pareille prononcée publiquement dans l'entreprise mérite la placardisation *ad vitam*... Notez également que ceux qui sont fréquemment parvenus au bout de leur vie sont équipés d'objets qui, eux aussi, ne font pas de vieux os... Exemple avec cette conversation téléphonique entre une cadre et un employé de la DSI. *« La batterie de mon iPhone ne tient plus depuis que j'ai fait la mise à jour. Je suis certaine que c'est l'obsolescence programmée. Il est au bout de sa vie »,* se plaint la première. *« Je vous entends, cela veut dire qu'il n'est pas encore arrivé au bout. Passez me voir à ce moment-là »,* répond le second en raccrochant. Je vous laisse deviner la réaction de son interlocutrice.

IL EST REVENU EN CDI !

56

C'est le graal absolu dans notre monde du travail. Le fait qu'il soit de plus en plus rare dans certains milieux professionnels accrédite encore davantage le prestige de celui qui en détient un. Mais alors, pourquoi diable *« revenir »* en CDI ? Après un échec entrepreneurial, bien entendu ! Retourner en CDI est la hantise des entrepreneurs et autres start-upers de France et de Navarre. Pire qu'un lycéen qui redoublerait sa terminale pour la troisième fois. Une amie me confiait il y a peu, à propos d'une connaissance commune : *« Julie ne va pas fort. Figure-toi qu'elle est revenue en CDI ! »* Chaque semaine, en France, des dizaines de personnes réintègrent les murs de l'entreprise après un échec entrepreneurial. Les chiffres parlent d'eux-mêmes : en France, 90 % des start-up échouent ! Pourtant, ce retour en CDI n'a pas vocation à se faire en traînant des jambes ! Après un échec, revenir en CDI peut être la meilleure chose qui puisse vous arriver pour réfléchir à votre parcours professionnel, à vos ambitions, à vos défauts… Par ailleurs, cette expression est terriblement dégradante pour ceux qui sont bel et bien en CDI, et travaillent chaque jour ! Le CDI n'a rien de sinistre. Il est évidemment possible de s'y épanouir !

C'EST UNE TUERIE !

57

Le sens figuré crée parfois de jolies choses. L'extrême inverse existe également. La preuve : le fameux *« C'est une tuerie ! »*. A l'origine rattaché au domaine culinaire – *« Ces kouign-amann de chez Larnicol, décidément, quelle tuerie ! »* – ou chez les amateurs de jeux vidéo – *« Quelle tuerie, le dernier* Call of Duty *! »* –, les tueries se sont également propagées dans le jargon professionnel. Rappelons aux utilisateurs de cette expression que les tueries existent, au premier degré, dans la vraie vie. Le sens figuré de l'expression est donc de plus en plus lourd à porter. De la même manière, avoir recours aux termes issus du lexique de la guerre pour désigner des situations de la vie quotidienne est de plus en plus mal vu. On *« shoote un mail »* comme on fait feu avec une mitraillette, ou n'importe quel ustensile d'artillerie lourde. En milieu professionnel, *« une tuerie »* est une nouveauté, une petite révolution sur laquelle il est de bon ton de s'enthousiasmer. Exemple en interne : *« Tu as vu le nouvel espace détente cosy pour chiller ou brainstormer au 5e ? C'est une tuerie ! »* Notre belle langue ne manque pourtant pas de superlatifs pour s'enthousiasmer avec élégance : formidable, fabuleux, fantastique, merveilleux… Oubliez les tueries ! C'est laid et inapproprié.

EN BONNE INTELLIGENCE !

58

Lundi matin, 9 heures, deux collègues discutent autour d'un café. Les mines sont graves. « *Le business va mal,* explique l'un des personnages. *Les chiffres n'ont jamais été aussi mauvais. Il va falloir que nous nous mettions à travailler en bonne intelligence pour redresser la pente !* » Vous avez probablement déjà entendu cette expression. A l'instar de la bonne parole, la bonne intelligence est très répandue dans l'entreprise ! La bonne intelligence est un marqueur d'instabilité. S'il y a besoin de faire les choses « *en bonne intelligence* », c'est que les choses vont mal, ou qu'elles pourraient empirer à tout moment. A l'origine, l'expression « *vivre en bonne intelligence* » s'utilise dans le contexte de la vie en société et signifie « *préserver la qualité de ses relations* » avec quelqu'un. Il y a pile un an, lorsque Thomas Pesquet évoquait par téléphone sa vie dans l'espace avec ses camarades à bord de la SSI, il avait dit ces mots : « *On essaie de vivre en bonne intelligence !* » Preuve qu'effectivement, la promiscuité avec les passagers pouvait parfois agacer ! « *On essaie de faire attention à ce qui énerve l'autre* », poursuit-il. Dans l'open space, c'est pareil : les bureaux sont petits, serrés. Des dizaines de personnes cohabitent dans un seul et même lieu avec le bruit, les petites manies, et des personnalités parfois bien trempées ! Si bien que, tout comme le bon sens, la bonne intelligence est une compétence indispensable à la vie de bureau. Mais elle est également brandie, oralement, en tout lieu, peu importe le contexte.

TU VOIS CE QUE JE VEUX DIRE !

59

Grand classique de quelqu'un qui a la flemme d'argumenter et de tenir des propos bien construits, avec sujet, verbe, et complément. Quelques mots, puis, *« Tu vois ce que je veux dire ! »* Comme si cela allait de soi. Et si je ne vois pas, précisément, ce que tu veux dire ? Tu peux m'en dire plus ! *« Mais si, tu vois ! »*, insistera l'intéressé. Des claques se perdent !

GROSSO MERDO !

60

De quoi l'expression *grosso merdo* est-elle le nom ? Il s'agit d'une vulgarisation doublée d'une beaufisation de la locution latine *grosso modo* qui signifie « dans les grandes lignes. » A peu près. Plus ou moins. Peu ou prou. Selon *Le Littré,* la première apparition de *grosso modo* remonterait au XIVe siècle. Pourquoi diable préfère-t-on utiliser au bureau sa variante incluant le fameux *« Merde »* du général Cambronne ? Parce que l'expression porte en elle un côté débrouillard, plus concret, qui est appréciable en entreprise. *« La* deadline *est vraiment très serrée, mais si l'on se concentre exclusivement là-dessus, et qu'on mobilise trois collaborateurs supplémentaires sur le projet, on devrait* grosso merdo *avoir une base solide d'ici à la fin du mois de septembre »*, explique, serein, un cadre à son directeur général. *Grosso merdo* fait partie de ces rares expressions épidermiques qui hérissent le poil à la seconde où on les entend. Faites le test en réunion : l'effet est garanti. Un seul mot peut se révéler rédhibitoire pour une argumentation bien huilée !

C'EST DISRUPTIF !

61

Si vous travaillez en entreprise, que vous avez un compte LinkedIn ou Viadeo, que vous faites fréquemment des marathons de réunion, et que vous n'avez jamais entendu le mot *« disruptif »,* c'est que probablement que vous vivez dans un monde parallèle. Ou bien que vous mentez ! La disruption est devenue une nécessité dans n'importe quel projet. Peu importe comment on procède, mais il faut que cela soit disruptif. Il faut qu'il y ait une étincelle et ne SURTOUT pas faire comme les autres. Il faut créer *« l'effet WAOUH »* que j'ai déjà évoqué il y a quelques semaines dans cette chronique… Mais la disruption permanente a tué la disruption : à force de vouloir rendre disruptif tout et n'importe quoi, le terme est devenu à la fois ridicule et insupportable ! Sur les réseaux sociaux, nombreux sont ceux qui se qualifient de *« disrupteur in chief »,* *« d'expert en disruption »,* ou encore de *« penseur disruptif »* qui pense *« out of the box ».* Tout cela donne une furieuse envie de prendre une aspirine. En réunion, la disruption et ses variantes peuvent faire l'objet d'un bingo. *« Geoffroy, je note ton point. L'idée est bonne, mais elle n'est pas assez disruptive : d'autres l'ont déjà fait »*, explique un manager. Depuis Airbnb, Uber ou Netflix, tout est affaire de disruption. Il faut disrupter sans cesse de plus en plus. Jusqu'à l'absurde. Disrupter le marché de la croquette pour chien. Totalement disrupter le marché de la pomme de douche… Avant que vous ne fassiez une syncope (disruptive, évidemment), rappelons tout de même ce point historique. Le dépôt de marque *« disruption »* par l'agence de publicité américaine TBWA, date de… 1992 ! C'est le publicitaire Jean-Marie Dru qui en est le principal acteur. Un manifeste avait alors été publié dans cinq journaux de référence, dont le *Wall Street Journal*. Dru a été le premier à associer le terme disruption au business : auparavant, le mot était surtout utilisé pour évoquer les accidents naturels et climatiques comme un tsunami ou un typhon. Les temps ont bien changé. Désormais, c'est la disruption qui a engendré un naufrage linguistique et sémantique.

ON VA "BRAINSTORMER" ?

62

L'anglicisme ampoulé pour les collaborateurs atteints de réunionnite ! On va *brainstormer* se traduit généralement par une heure de parlotte où l'on pérore pour ne rien dire. Et à l'issue, aucune décision n'est prise… jusqu'au prochain brainstorming !

Y'A PLUS QU'À !

63

Il n'y a plus qu'à faire le nécessaire. Ou mieux : *« Y'a plus qu'à ! »* comme on l'entend bien trop fréquemment en guise de conclusion d'une réunion atroce qui a duré deux heures. Vous imaginez ? Quelle vulgarité ! Des heures de réflexion, de partages d'idées et de discussions pour en arriver à l'instant fatidique où le maître de la réunion, manifestement pressé d'en finir, conclut d'un claironnant : *« Bon, tout ça était fort intéressant. Bravo, c'est un projet d'avenir, vraiment. Maintenant, y'a plus qu'à ! »* Y'a plus qu'à quoi ? Sortir frustré de la réunion et retourner s'avachir sur son siège en attendant patiemment la suivante ? Y'a plus qu'à préparer une autre réunion dont on ne sortira guère plus avancé que de la précédente ? Cette expression est atroce. C'est une anti-conclusion doublée d'un manque de respect pour les interlocuteurs. « Y'a plus qu'à » est une incarnation orale des trois points de suspension. La simplicité est telle que nous nous réduisons la phrase à sa plus simple abréviation. *« Yapluka »* ai-je envie de vous dire dans une forme onomatopéique, afin de souligner une ultime fois le ridicule de ce tic partagé par un grand nombre d'entre nous.

J'AI VU PASSER TON MAIL !

64

Chaque minute, 204 millions d'e-mails sont envoyés dans le monde, soit 3,4 millions par seconde. Pour beaucoup d'entre nous, gérer une boîte mail est à peu près aussi confortable que de jouer au tennis seul contre dix personnes en essayant de rattraper toutes les balles. C'est impossible. C'est pourquoi nous développons un snobisme et une sélectivité toujours plus rudes à l'égard des mails que nous allons ouvrir – ou pas. Nous développons des lubies. Des intolérances envers telle formule ou tel signe de ponctuation. J'ai personnellement une aversion pour tous les mails comportant la mention *Save the Date*. Ce n'est pas malin : au milieu d'un grand nombre de mails sans intérêt, j'ai tout de même raté quelques mariages et anniversaires. *« Tu as vu la V1 du projet untel ? Je t'ai envoyé ça ce matin »*, demande un collaborateur à une collaboratrice. *« Oui, j'ai vu passer ton mail »*, répond-elle évasivement, en pianotant sur son smartphone. *« J'ai vu passer ton mail. »*

Traduction : au mieux, j'ai bien noté sa présence et je l'ai mis de côté pour l'ouvrir plus tard quand j'aurai davantage de temps. Au pire, je l'ai bien vu passer, mais je sais d'ores et déjà que je n'aurai jamais la motivation pour l'ouvrir, et il est condamné à mourir avec ses 89 621 amis non lus. Une boîte mail est un tapis roulant d'aéroport sur lequel tous les bagages sont les nôtres. Ils passent, donc, mais on ne les saisit pas toujours ! C'est une excellente façon de botter en touche. Si quelqu'un vous répond qu'il a vu passer votre mail, n'ayez pas grand espoir. S'il l'a vu passer et ne l'a pas saisi une première fois, il y a peu de chances qu'il le saisisse a posteriori. De même qu'une personne qui est censée *« revenir vers vous »* au plus vite risque fort de se faire attendre. Lorsqu'un mail s'en va, il ne revient pas. A moins d'être réexpédié. Evidemment, il est également possible que cette expression absurde soit utilisée en toute franchise.

C'EST UNE FONCTION SUPPORT !

65

Etes-vous un troubadour d'*open space* ? Un bouffon de bureau ? Un clown de réunion ? Il existe un terme abject et dégradant pour désigner les collaborateurs qui ne rapportent pas d'argent à l'entreprise : les fameuses *« fonctions support »*. Que vous soyez à la DSI, un chargé de recrutement, aux affaires juridiques ou à la communication, vous êtes logé à la même enseigne. Vous n'êtes pas indispensable, puisque vous ne rapportez pas le moindre K euro. Pire : vous dépensez sans vergogne tous les bénéfices générés par le business ! Vous méritez donc largement votre titre de « fonction support », dont l'appellation d'apparence creuse reflète ce que vous êtes : un vulgaire supplétif qui n'est pas indispensable. A une époque où l'on ne cesse de parler de *« l'humain »* que l'on veut mettre *« au cœur de l'entreprise »*, il faudrait peut-être réaliser que les fonctions support ne sont pas des plantes d'intérieur, décoratives, qu'il faut entretenir !

JE SUIS EN "CONF CALL" !

66

La réunion téléphonique ! Quel brillant concept ! Vous imaginez ? Déjà qu'en réunion, certains ont bien du mal à se retenir de ne pas bâiller, dormir, où jouer à Candy Crush. Le vrai décor d'une *conf call* de dix personnes selon ses participants serait amusant à découvrir. Une chose est sûre : au moins un des participants est en caleçon !

EN MÊME TEMPS !

67

C'est un péché mignon qui agace. Qui exaspère. *« En même temps »*, il est employé par tant de Français qu'il est grand temps de lancer une vaste opération coup de poing. Mais en même temps, si même les plus grands de ce monde utilisent systématiquement cette expression, le combat s'annonce complexe. Qui va donner l'exemple ? Je conjure notre président Emmanuel Macron d'en faire un combat personnel. Si vous ne l'aviez pas encore remarqué, *« en même temps »*, c'est lui ! *« Et si en même temps, Emmanuel Macron devenait président ? »* titrait le magazine *Challenges* pendant la campagne présidentielle. Au bureau, si vous n'avez pas déjà en tête le visage de celui ou celle qui porte en elle *« en même temps »*, tendez l'oreille. A la machine à café ou en réunion. *« Je trouve que Jean-Gabriel est un sacré bosseur, il n'y a rien à redire. Mais en même temps, c'est quand même un sacré gougnafier doublé d'un lèche-bottes de haute compétition. »* Ou encore : *« Certes, Aline a droit de poser trois semaines de congé cet été, comme tout le monde. Mais en même temps, cela fait dix ans qu'elle part à 16 heures tous les vendredis.* » L'art de nuancer réside dans l'utilisation de « *en même temps* » avec parcimonie. Mais le problème, c'est que, comme tout tic de langage qui se respecte dès lors qu'on y a goûté, il est fort difficile de s'en défaire. C'est pourquoi certains professionnels sont capables de glisser cinq ou six fois « *en même temps* » dans une argumentation d'à peine dix minutes ! Les rois de la nuance. L'angoisse suprême de prendre une décision. Idem à la pause-déjeuner : « *Je prendrais bien une petite salade, parce que j'ai trop mangé ce week-end. Mais en même temps, j'ai tout de même une sacrée envie de bavette aux échalotes.* » « *Il y en a qui aiment les cases, les idées bien rangées… eh bien, moi, je continuerai à utiliser "en même temps"* », avait argumenté Macron durant sa campagne afin de répondre aux critiques. « *En même temps, en même temps, en même temps !* » scandaient de leur côté les militants, à fond derrière leur champion.

TU ME FAIS TON PITCH ?

68

Il arrive parfois que même l'actualité fasse écho à nos tics de langages au bureau. La preuve : ce combat mené depuis plusieurs mois par le groupe Brioche Pasquier pour que les entrepreneurs et autres *start-upers* arrêtent d'utiliser avec excès le terme *« pitch »,* l'une des valeurs sûres des anglicismes, très fortement implanté dans les entreprises françaises. *« Tu me fais ton pitch rapidement ? »* L'anglicisme brioché fait également office de verbe pour les plus téméraires. *« Si tu pouvais me pitcher ça d'ici ce soir, ce serait top. »* Parfois même, le cadre stressé et trop pressé s'emmêle les pinceaux : *« Je te laisse deux minutes pour me pitcher ton pitch. »* Avec tant de *pitch(s)* au compteur, c'est tout le temps l'heure du goûter. Son apparition ne date en effet pas d'hier dans nos *open spaces*. Le *pitch* inonde nos entreprises depuis… 1994. Il est né pour illustrer la théorie de l'*« elevator pitch »,* selon laquelle la durée d'un bon résumé ne doit pas excéder celle que l'on passe dans un ascenseur ! Reste que son utilisation à outrance, à l'oral, ne peut plus durer. Pour le plus grand bonheur des inventeurs de la brioche.

TU NOUS DONNES TON GO ?

69

Cela ressemble fort au top départ d'une course d'athlétisme d'anthologie, comme une finale du 100 mètres. Sauf que cela se déroule dans un open space des plus classiques. « Je vous donne mon go d'ici la fin de semaine pour shooter un mail au client. » Beaucoup moins passionnant et exaltant qu'une piste d'athlétisme…

FORCE DE PROPOSITION !

70

Voici une expression, qui, même avant d'entrer à l'intérieur des murs de l'entreprise, inonde déjà les offres d'emploi. Exemple avec cette annonce pour un poste de commercial : *« A l'aise à l'oral, habile négociateur, vous avez démontré une aptitude certaine dans la gestion et la clôture de* deals *stratégiques avec vos clients en leur apportant conseil et valeur ajoutée. Déterminé, vous savez convaincre. Mais surtout, vous devez être FORCE DE PROPOSITION ! »* C'est la cerise sur le gâteau du profil idéal dans un contexte de recrutement. Un candidat peut être brillant, bienveillant, sociable, efficace, méticuleux, et moult autres compétences. Mais si en plus, il est *« force de proposition »*, le doute n'est plus permis. On tient la perle rare. Naturellement, l'usage intempestif de l'expression ne se limite nullement aux petites annonces. On la retrouve aussi en interne, en réunion ou en entretien annuel. Le manager la déclame avec conviction, d'un ton triomphal : *« Lucas, je sais bien que tu es stagiaire et que tu es là depuis seulement deux jours. Néanmoins, sache que j'attends de toi que tu sois force de proposition !* » assène-t-il à son stagiaire, pourtant très motivé, mais qui ne s'attendait pas à un si chaleureux accueil. Que signifie exactement être force de proposition ? Un collaborateur sur qui l'on peut compter. D'un côté, le talent d'être sur tous les fronts avec la même motivation implacable. S'impliquer, anticiper, proposer, et réagir en toutes circonstances… Et d'un autre côté, surgit une dimension un tantinet oppressante. En entreprise, il FAUT être force de proposition. Nous y sommes justement contraints et forcés. Un collègue qui n'est pas force de proposition est un mauvais collègue.

DÉSO !

71

« **D**éso » est à désolé ce que *« déter »* est à déterminé : une abréviation contemporaine, de notre décennie, qui ressemble à un jargon de collégien, mais que l'on entend également retentir dans les couloirs de l'entreprise. Par effet de mode. C'est évidemment un phénomène générationnel. Si vous avez peu de chances d'entendre un *partner* de 55 ans s'exclamer *« Déso, j'ai eu une panne de réveil »* en arrivant en trombe – et en retard, donc – à une réunion, il est en revanche tout à fait commun qu'un(e) trentenaire réponde à un(e) collègue qui lui propose de sortir déjeuner : *« Déso, je ne peux pas, j'ai un* call *important à passer à treize heures. »* Et *« déso »* pour ceux que cela dérange ! C'est une obligation fondamentale, et parfois pesante de la vie de bureau : jour après jour, il faut vivre avec les tics de langage et autres imperfections linguistiques de ses charmants collègues. Il y a encore pire que *« Déso »* : *« Déso pas déso. »* Vous suivez ? C'est un raccourci qui signifie : *« J'aimerais te dire que je suis désolé, mais en vérité, je ne le suis pas du tout. »* C'est un appel factice à se faire pardonner.

CRÉER DE LA VALEUR !

72

Le génial Albert Einstein a dit : *« N'essayez pas de devenir un homme qui a du succès. Essayez de devenir un homme qui a de la valeur. »* Une citation des plus inspirantes dont je vous propose la variante suivante : *« N'essayez pas de devenir un homme qui a du succès. Essayez de devenir un homme qui crée de la valeur ! »*

« Créer de la valeur » n'est plus qu'un phénomène économique. C'est une obsession qui a envahi le champ linguistique de tous les collaborateurs et n'est plus réservée aux membres du comex ! On ne dit plus *« Je vais travailler »* mais *« Je vais créer de la valeur »*.

Certains vont bosser. D'autres vont taffer. Et les vainqueurs, les meilleurs éléments, eux, créent de la valeur. De quelle valeur parle-t-on ? C'est un mot à la mode. Les entreprises, elles aussi, ne jurent que par leurs valeurs, aussi fumeuses soient-elles. Et votre valeur à vous, c'est quoi ? Que valez-vous exactement ? Vos points forts, votre personnalité, vos atouts sont-ils indispensables à votre entreprise ? Celle-ci vous apprécie-t-elle à votre juste valeur ?

DU COUP !

73

« *Du coup* » en début de phrase, « *du coup* » en fin de phrase… Les plus grands champions peuvent l'utiliser trois fois dans la même phrase ou cent fois durant la même réunion. Du coup, il était grand temps de frapper un grand coup. Premier constat : à l'oreille, il n'est pas forcément aisé de savoir de quoi l'on parle. Du cou ? A moins que ce ne soit du coût ? Ou peut-être du coup ? Il est temps de lui tordre le cou. Exemples pêle-mêle, tirés de votre vie de bureau. « *Tu n'as pas répondu à mon mail ni à mon SMS… du coup, je me permets d'appeler sur ton téléphone perso.* » Pire : « *Et donc, du coup, j'ai terminé la V2 du projet X pour le client. Du coup, on va pouvoir planifier un rendez-vous.* » La crise de nerfs est proche. « Du coup », c'est le degré zéro de la langue française. En l'utilisant, vous affichez clairement votre volonté de déconstruire ce que l'on vous a appris à l'école depuis votre plus tendre enfance. Pire encore, vous passez pour un malappris. Pourquoi ? Parce que « du coup » – qui est étymologiquement la contrefaçon grossière de « par conséquent » – est aussi un indice qui montre que vous ne souhaitez pas faire d'efforts d'argumentation. Vous voulez bâcler. Finir la discussion au plus vite. Pourquoi ? Peut-être parce que vous êtes tellement certain de la qualité de vos propos que vous ne voyez pas dans quelle mesure votre interlocuteur pourrait enrichir la discussion. « Du coup » est un tic de langage qui nuit à la conversation et qui empêche toute possibilité de débat. Du coup, cela vous fait passer pour un goujat, ayant une haute opinion de lui-même… même si cela n'est pas forcément le cas. Prudence !

PRENDS LE LEAD !

74

Pour être un leader, il faut prendre le lead ! Certains sont accros au lead, à la prise de décision, et se transforment en petit chef. D'autres préfèrent déléguer le lead pour éviter de prendre une mauvaise décision. « *Régis, je te laisse le lead sur ce coup-là ?* » Avis à tous les leaders en herbe. Mettez du Chirac dans le texte : un chef, c'est fait pour cheffer ! C'est plus joli, et tellement plus français !

MOI, J'AI UN TRAVAIL !

75

« **B**en, alors Edouard, tu viens pas déjeuner ? » Le dénommé Edouard, coiffé d'un épais casque audio de type Sony, lance dans un premier temps un regard mauvais. *« Il est 12 h 20, je dois finir des trucs. J'ai un travail, moi »*, répond-il, du tac au tac. *« Il n'y a pas de sot métier, il n'y a que de sottes gens »*, dit le proverbe français. Ni de sous-métier, d'ailleurs. *« Moi, j'ai un travail »*, clament donc certains d'entre nous, en insistant bien sur le *« moi » !* Expression absurde à prendre évidemment au second degré, puisque dans une entreprise tout le monde est salarié. Pourquoi diable alors se prendre autant au sérieux ? Je vous laisse passer en revue les profils de votre entourage qui ont un travail, eux ! Alors ? Le diagnostic est simple. L'expression *« Moi, j'ai un travail »* est utilisée par ceux que le travail en question empêche de jouir de leur liberté. Cette réponse permet aussi de culpabiliser les autres, qui, eux, n'ont manifestement pas un vrai travail, puisqu'ils se permettent de se faire plaisir !

C'EST UNE URGENCE !

76

« C'*est une urgence »,* ai-je tapé il y a quelques semaines en accroche d'un mail pour une collègue. Juste après avoir cliqué sur « envoi », je me suis senti coupable : en quoi ma demande est-elle plus urgente que les autres ? Pis encore, j'ai pris conscience de l'impolitesse générée par l'accroche de mon mail. « *C'est urgent !* » Mes parents m'ont pourtant bel et bien appris à dire bonjour ! Evidemment, je me suis rendu compte que mon « *urgence* » n'en était pas une. Comme la grande majorité des urgences, qui le deviennent simplement parce que nous nous sentons débordés et que nous avons plusieurs choses sur le feu. Une urgence est toujours relative. Combien qualifie-t-on prétentieusement, chaque jour, d'« *urgences* » des tâches qui n'en sont pas ? Dans la vie de bureau contemporaine, tout est urgent. Il faut tout traiter instantanément. Le terme fleurit – parfois en majuscule – dans les objets de courriel. Il inonde le jargon d'entreprise. « *Tiens, la réunion sur le projet Untel a lieu dans trois jours. Tu peux vérifier les chiffres d'ici ce soir, s'teuplaît ? C'est plutôt urgent.* » Faire précéder ladite urgence d'un adverbe pour minimiser l'effet ne change rien à l'affaire. Réfléchissez-y. Qu'est-ce qu'une vraie urgence ? Pensez à la série éponyme. Une urgence sérieuse est médicale. L'hospitalisation d'un patient dans un état grave est une urgence. En revanche, organiser ab-so-lu-ment une réunion pour préparer un séminaire qui a lieu dans trois mois n'en est pas une. « *Je vous demande de vous arrêter !* » Les urgences génèrent du stress, des crises d'angoisses chroniques. C'est fâcheux. A fortiori, lorsqu'on sait que si ces fameuses « *urgences* » sont factices, le stress et le mal-être générés, eux, ne le sont pas du tout…

COCHER LES CASES !

77

Cette expression vous suivra toute votre vie, de la classe maternelle aux prémices de la retraite. Durant toute notre vie, il nous faut cocher des cases et rentrer dedans. A partir de quand exactement ? Dès notre entrée en compétition, en classe de petite section. Ensuite, nous retrouvons les cases : hiérarchisation des choix des études secondaires, évaluation préalable à l'entretien annuel… jusqu'à la recherche d'emploi. *« Je suis désolé, Augustin, ton projet est plein d'innovation, c'est une riche idée. Mais au jour d'aujourd'hui, il ne coche pas toutes les cases et ne fait pas partie des priorités du groupe »*, explique un manager à un jeune ambitieux qui aurait la mauvaise idée d'être trop inventif et de vouloir griller les étapes. *« Cocher les cases »* est une expression de l'ancien monde. Les cases, c'est le *process*. Elles empêchent le monde de tourner, et les entreprises d'avancer. Les cases formatent les individus et leur ôtent toute singularité et toute créativité. Quelqu'un qui ne coche pas les cases fait peur. C'est fort dommage… et très français !

DACODAC !

78

Que vous utilisiez cette expression onomatopée avec votre petite sœur ou avec votre maman, pourquoi, pas… Mais au bureau, cela vous donnera des airs d'adolescent ! *« Dacodac ! »* est de la même famille que *« Déso ! »*. Cela passe en privé. Mais pas au bureau ! Surveillez ces tics qui peuvent vous décrédibiliser !

JE SUIS SOUS L'EAU !

79

Dans tous les *open space* de France et de Navarre, on trouve des individus constamment « sous l'eau », et qui le font savoir. Ils sont débordés. Stressés. Premier enseignement : je suis désolé de vous décevoir, mais à moins d'être en télétravail sur une barque en train de couler, vous n'êtes pas sous l'eau. Le premier degré n'a donc pas lieu d'être. Au bureau, un collègue qui se prétend *« sous l'eau »* n'est jamais réellement au bord de la noyade, en lutte contre une mer houleuse ! Non, il est juste débordé de travail, contraint d'effectuer une multitude de tâches à un instant T. C'est pourquoi il n'a pas le temps de vous accorder la moindre attention, et vous assure qu'il *« reviendra vers vous »* en temps voulu. Quand ? *« Oh, je reviendrai vers toi d'ici la fin de la semaine, ou au début de la suivante, le temps que je sorte la tête de l'eau »,* dit-il d'un ton las, en vous regardant avec des yeux d'épagneul breton. D'ici là, votre collègue débordé gardera masque et tuba, pour ne pas finir noyé dans ses dossiers. Le pauvre… Le mythe du collègue toujours quadruplement occupé et sous l'eau *ad vitam* comporte sa part de mensonge. Les apparences sont fallacieuses : se prétendre sous l'eau a mille avantages. Déjà, celui de vous tenir éloigné des collègues trop bavards, et de ceux qui ont tendance à déléguer. Si l'on sait que vous êtes tout le temps *« sous l'eau »*, on ne vous proposera rien. Cela assure votre tranquillité. De plus, quelqu'un d'occupé est forcément une personnalité importante de l'entreprise : quelqu'un à qui l'on confie des missions engageantes et périlleuses, qui nécessitent beaucoup de travail ! Je vous laisse faire votre enquête dans l'*open space* et faire la chasse à ceux qui sont réellement occupés… et ceux qui font du chiqué.

FEEL FREE !

80

En réunion : *« Nous avons arrêté ici le sommaire de l'étude X. Après,* feel free *si tu veux proposer des modifications. »* Réelle invitation au dialogue ou bien politesse factice ? Un peu des deux. Les deux syllabes de *feel free* sont prononcées si machinalement qu'elles n'ont parfois pas de second niveau de lecture : *« Tu as bien bossé.* Feel free *de partir plus tôt aujourd'hui ! »* Si vous estimez que ces phrases en franglais sont atroces, vous avez parfaitement raison. Le plus fâcheux ? Les individus qui utilisent *feel free* le font extrêmement naturellement, comme si c'était normal, avec un accent français qui vient parfaire le ridicule de l'expression ! Sentez-vous libres de faire remarquer à votre entourage concerné que cette mascarade linguistique ne peut plus durer. *Quid* de *« sentez-vous libre »* justement ?

NEXT STEP ?

81

Dans la série « *Je suis un cadre supermotivé qui avance, innove, et va sans cesse de l'avant* », voici une valeur sûre, que le personnage cliché suscité utilise à foison, dès qu'il en a l'occasion. Durant une réunion, ou bien dès que quelqu'un termine une phrase : « Et donc, next step ? » Tic très fréquent chez les petits chefs qui se prennent très au sérieux.

DE PAR MON EXPÉRIENCE !

82

Voici matière à mettre un terme à un entretien d'embauche, et à renvoyer chez lui un candidat *manu militari* ! Même si le CV est brillant, le parcours sans faute, et la mine enthousiaste, il est des affronts au Bescherelle qui ne se pardonnent pas. Des affronts dont l'utilisation vous fait passer, à la seconde, pour un maillon faible. C'est ainsi. Imaginez : en plein milieu d'un entretien, cette phrase, dans la bouche du candidat. *« De par mon expérience en transformation digitale, je pense être le candidat idéal pour mener à bien les missions que vous me confierez pour développer votre activité et créer de la valeur. »* Le recruteur déglutit lentement et pense déjà au candidat suivant. Néanmoins, il répond : *« Et pourquoi avoir choisi notre entreprise ? »* Confiant, sans sourciller, le candidat continue : *« Me tourner vers votre entreprise était une évidence de par votre réputation ! »* Nouvelle déglutition. *« Bien, Monsieur, merci. On reviendra vers vous. »*

Bien sûr, je durcis le trait. Peu de personnes sont capables d'accomplir le chef-d'œuvre de médiocrité linguistique que je viens de décrire. Mais cela vous montre à quel point l'expression concernée est une horreur pour la langue française et pour les personnes qui écoutent ! Plus l'auteur est « haut placé », plus le résultat est dévastateur. Et les jeunes candidats ne sont pas les seuls coupables ! Si un dirigeant prend la parole sur scène lors d'une conférence pour narrer sa réussite *« de par son expérience »*, il y a fort à parier que l'on entendra grincer des dents dans l'assemblée. Les sages de l'Académie française se sont indignés bien avant moi, tout en rappelant un point historique : la locution prépositive *« de par »* a encore son sens premier *« de la part de »*, *« au nom de »*, dans des formules figées comme *« de par le roi »*, *« de par la loi »*, *« de par la Constitution »*, *« de par la justice »*... Ainsi, évitez de vous targuer d'avoir réussi à obtenir une augmentation de par votre talent. Dites que par votre seul talent, vous avez obtenu une augmentation bien méritée. Ne dites pas que de par votre agilité, vous avez pu rapidement évoluer dans l'entreprise. Dites plutôt que du fait de votre agilité, vous avez rapidement gagné la confiance de vos supérieurs...

JE POSE ÇA LÀ !

83

« Je pose ça là. » Si vous utilisez peu le web, les réseaux sociaux, et que vous ne travaillez pas dans le digital, peu de chances que cette expression vous soit familière… Néanmoins, elle incarne si bien l'esprit du web, ses démesures, et ses impolitesses, que je n'ai pu m'empêcher de la disséquer pour vous. Son utilisation – le plus souvent par mail – est toute simple : l'expression *« Je pose ça là »* est accompagnée d'un lien web ou d'un contenu que l'on (im)pose à son interlocuteur ! Je pose ça là. Je te le mets sous le nez. Et je ne fais strictement aucun effort d'argumentation ou de politesse pour expliquer le pourquoi du comment ! Son utilisation est fréquente, compulsive. C'est un tour de force. Une barrière que l'on pose en plein milieu d'un couloir pour attirer l'attention. Pourtant, les métiers du digital ne sont pas particulièrement physiques… *« Je pose ça là »* peut d'ailleurs implicitement signifier *« débrouille-toi » :* je pose ça là, j'ai fait ma part du travail, et maintenant, c'est à toi de jouer. Je délègue. Amis du web, avant de poser tout cela devant nous, posez-vous la question de l'utilité de votre propos, et de ce qui se passerait si tout le monde faisait pareil…

METTRE PAR ÉCRIT !

84

Dans la vie de bureau contemporaine, l'écriture est devenue une action archaïque. Regardez autour de vous, en réunion : qui diable peut bien encore prendre des notes avec un stylo-plume sur une feuille blanche ? L'agenda papier a lui aussi disparu : tous nos rendez-vous sont désormais confiés à notre smartphone. Néanmoins, il existe une curieuse expression très tendance qui nous permet de garder un esprit « classe d'école primaire » dans l'*open space*. Je souhaitais le mettre par écrit pour le partager avec vous. *« Mettre par écrit. » « J'aimerais poser deux jours de congé payé en avril, le 12 et le 18, cela te convient ? »* demande un jeune *padawan* à son N + 1 en s'approchant de son bureau. *« Attends, je suis un peu occupé, merci de me mettre ça par écrit sinon je vais oublier. »* Deux possibilités donc : le post-it. Ou le mail. Il faudrait sans plus attendre éradiquer ce pléonasme de la pire espèce. Et réhabiliter l'usage du verbe écrire, tout simplement.

ON EST SUR DU WIN-WIN !

85

Dans toute relation professionnelle de qualité, il y a un équilibre rodé à la perfection. Il existe une expression pour décrire cet équilibre. Le fameux « win-win », qui est censé être l'incarnation d'une relation saine ou d'un cercle vertueux. Je ne peux pas m'empêcher de citer l'humoriste Chris Esquerre dans son sketch *The Keys of Success,* dans lequel il parodie des situations d'entreprise : « *Bernard, je voulais te dire que je ne peux plus te prendre avec moi en business premier. C'est pas parce qu'on est dans l'Eurostar qu'on arrête le business. Là, on a pas été dans un rapport win-win tous les deux.* » Quand le win-win ne tient plus et est découvert au grand jour, l'équilibre est rompu. Voici maintenant le « lose-lose », et ses variantes linguistiques les plus ridicules. « *On est sur du win-win* », « *On part sur un win-win* »… pour tout et n'importe quoi. « *Attendez, si vous partagez notre contenu sur votre compte Instagram, et qu'on vous mentionne sur Facebook, sachant que nous avons le même nombre de followers sur ces deux réseaux sociaux, c'est fair, et c'est du win-win »*, explique un animateur de communauté. *« Non, car notre communauté Instagram est beaucoup plus Premium que sur Facebook. On n'est pas win-win »*, répond l'autre en scrollant machinalement ses statistiques. Autre exemple lors d'un déjeuner à quatre collègues. Au moment de payer la note : *« On partage si cela vous va ? »* Le moins gourmand des quatre : *« C'est hors de question, je n'ai pris qu'un plat, et tu as pris une burrata en entrée, on est pas sur du win-win. »* Ne l'oublions pas, l'équivalent français « gagnant-gagnant » existe lui aussi. Et il n'y a aucune honte à l'utiliser avec parcimonie, bien au contraire !

LES BEST PRACTICES !

86

« Ça roule, je te fais un petit mail avec les best practices en matière de e-reputation d'ici la fin de la semaine. »
Du calme. Encore un anglicisme prétentieux pour parler de choses très simples ! C'est amusant de voir à quel point certains se sentent pousser des ailes dès qu'ils utilisent un minuscule mot d'anglais.

MOI, PERSONNELLEMENT, JE PENSE !

87

La machine à café est le noyau de l'entreprise où règne impétueusement le syndrome du *« moi je »*. La série culte diffusée sur M6 *Caméra Café* l'a parfaitement mis en scène. Cette saynète de la vie de bureau où chacun parle de soi est jouée des milliers de fois, chaque lundi, dans des centaines d'entreprises françaises… Elle met en lumière un tic de langage insupportable, un pléonasme révélateur de l'ego surdimensionné de certains de nos collègues. Et leur volonté de ne faire aucune concession. *« Moi, personnellement, je pense que nous devrions revoir l'ensemble du projet »*, lance une collègue très – un peu trop – sûre d'elle en réunion, devant une quinzaine de personnes. Elle, personnellement, pense donc qu'il faudrait revoir totalement un projet sur lequel 15 personnes travaillent depuis six mois ! Sans aucune diplomatie. Qu'en pensent ses camarades ? Si la réponse de l'un d'entre eux commence par *« Moi, personnellement, j'estime que… »* les valeurs de partage et de vivre ensemble si chères à l'entreprise semblent fort compromises !

L'EFFET WAOUH !

88

« WOW » ! « Wahou ! » « Waouh ! »… Sur le web, l'orthographe varie, mais l'on parle bien de la même chose : cette onomatopée qui traduit un miracle, le graal du marketing, lorsqu'un client écarquille les yeux et ne peut s'empêcher de lâcher un grand « *Waouh !* » en découvrant une présentation géniale ou une idée innovante ! La satisfaction client suprême, orgasmique, qui enchante le consommateur et crée des liens pérennes. La recette de cet effet waouh ? Comme la plupart des miracles, il est n'est pas aisé de le prédire ou de l'anticiper. Un effet waouh ne se construit pas, il se vit. C'est une recette dont les ingrédients divergent au gré des projets et des personnalités ! Combien de fois avez-vous, réellement, dit « *WOW !* » durant votre vie ? Cela se compte vraisemblablement sur les doigts d'une main. En théorie, l'effet du même nom devrait être limité ! Et pourtant… Dans *Les Nouvelles Nourritures,* l'écrivain français André Gide écrit ceci : « *On cesse de s'étonner devant un miracle constant.* » Traduction : l'effet waouh est devenu si trivial qu'il n'en est plus vraiment un. Amazon, Facebook, Uber... Toutes ces entreprises multiplient les tentatives d'effet waouh pour impressionner leurs clients et faire prospérer leur business. Aujourd'hui, un client dit « *Waouh !* » en recevant son colis Amazon deux jours plus tôt que prévu. Il jubile à nouveau en découvrant un *goodie* absurde – mais imprévu – caché dans sa commande. Puisque l'effet waouh n'est plus exceptionnel, il a cessé d'exister. Il a cessé d'être un concept en devenant un tic de langage de la culture du digital ! On l'entend dans la bouche de n'importe quel marketeux qui se respecte. Créer l'effet waouh est l'objectif principal des réunions. « *Si t'as pas l'effet waouh au bout, t'as raté ta prez'* », pourrait dire Jacques Séguéla. L'effet waouh est-il devenu aussi vulgaire que « *faire le buzz* » ? L'un comme l'autre ont atteint leurs limites. A force de trop chercher, on a fini par perdre ! Désormais, quand j'entends « *effet waouh* », je pense à l'*emoji* d'un chien capricieux qui aboie de façon intempestive et que l'on n'arrive pas à faire taire !

SUITE À !

89

« Le *diable se cache dans les détails »*, dit l'adage. C'est d'autant plus vrai lorsqu'on parle de linguistique et de langue française ! Des détails qui peuvent parfois être fatals. J'ai reçu un courriel avec l'objet suivant : *« Suite à notre entretien téléphonique. »* Intéressé, j'ouvre le courriel. Non seulement son contenu n'avait strictement aucun intérêt, mais en plus, le prétendu coup de fil n'avait jamais eu lieu ! Perfide stratégie pour provoquer le clic. Le *« suite à »* ne se trouve pas que dans les objets de courriel. *« Je pense que, suite aux mauvais chiffres que le groupe a communiqués la semaine dernière, les salaires vont être gelés pour la décennie à venir »*, répond son camarade pour le consoler, lui qui a pourtant obtenu + 5 % de rémunération annuelle. Suite à quelle dérive linguistique ce tic s'est-il imposé dans le jargon des commerciaux et des fonctionnaires férus de réunionnite, scellant ainsi la disparition de *« à la suite de »*, la véritable formulation ?

OUT OF THE BOX !

90

C'est un faux frère de la disruption, voire une partie de sa définition ! Penser *out of the box*. Sortir des cases, ne pas réfléchir comme tout le monde. Avoir des idées que personne n'a encore jamais eues ! Tout un programme. Le problème, c'est que tout le monde veut penser – voire *thinker,* pour les plus téméraires – out of the box. Cela donc fait donc un peu trop de monde qui veut être « hors des boîtes » pour que ce soit sérieux…

ON NE SAUVE PAS DES VIES !

91

C'est une expression tendance, et probablement la plus récente que j'ai abordée dans mes chroniques de bureaulogie. « *On ne sauve pas des vies* » au bureau, donc. C'est vrai ! Mais quel est l'intérêt de préciser une telle évidence ? Et surtout, dans quel contexte l'utilise-t-on ? Scène de bureau entre un manager et son subalterne. Question de ce dernier : « *Bertrand, je peux partir à 16 heures vendredi ? J'ai un train à Montparnasse que j'ai pris un peu tôt.* » Réponse dudit Bertrand : « *Oui, mais tu fais profil bas. Cela donne le mauvais exemple aux stagiaires.* » Réplique du subalterne : « *Oh, ça va, on ne sauve pas des vies !* » Traduction : on s'en moque, cela n'a aucun intérêt. « *On ne sauve pas des vies* » résume un déni total de ses tâches quotidiennes au bureau ! L'expression traduit tout ce que notre société raconte sur les *bullshit jobs,* l'ennui au travail, la perte de sens… Elle permet aussi de calmer un collègue qui prend son rôle un peu trop au sérieux : « *Il fallait me solliciter avant d'envoyer ce mail, c'est moi qui ai le* lead *et qui chapeaute ce projet* », insiste un manager zélé qui mériterait une bonne paire de claques et d'être mis au placard. « *C'est bon, tu ne sauves pas des vies !* » Un échange qui engendre une pathétique et stérile querelle d'ego comme on en voit beaucoup trop en entreprise. Mais en plus d'être fort agaçante à haute dose, l'expression « *on ne sauve pas des vies* » porte en elle un pessimisme, de la résignation, comme si rien n'était utile, comme si rien n'avait de sens… et surtout comme si rien ne pouvait changer ! C'est faux ! Rares sont ceux d'entre nous qui peuvent se targuer de sauver réellement des vies dans leur quotidien au travail. Médecins, infirmières, policiers… Votre métier est louable. Cette chronique est donc pour vous, qui sauvez des vies. Criez votre fierté. Les autres, trouvez autre chose à sauver. Ou à créer.

MONTER UNE RÉUNION !

92

Un cadre passe en moyenne vingt-quatre jours par an en réunion, selon une étude. Inutile de faire un dessin : c'est énorme. Si l'on compare avec l'espérance de vie de l'être humain, dans un premier temps. Mais aussi avec le degré d'utilité de chacune de ces milliers d'heures de réunion ! Combien d'entre elles ont été réellement utiles ? L'organisation d'une réunion est en elle-même une activité à plein temps. Si bien que certains s'enhardissent : *« C'est une riche idée que tu as eue là. Il faut absolument monter une réunion ! » « Monter une réunion »* est parfois insurmontable, justement. Inviter les bonnes personnes – et ne pas en omettre ! – trouver le moment miracle où tous les heureux élus sont disponibles… Monter une réunion peut effectivement être aussi complexe qu'entreprendre la construction d'un meuble Ikea de 3 652 pièces. Par ailleurs, il est parfois difficile de (sur) monter une réunion jusqu'à son terme – parfois deux bonnes heures plus tard – sans soupirer et sans se saisir de son smartphone pour une partie endiablée de *Candy Crush !*

IL FAUT DÉLIVRER !

93

« J*ean-Guy, tu as avancé sur le rapport X ? Je te rappelle qu'il faut délivrer d'ici à la fin de semaine prochaine.* » Stress. Suées. Il faut délivrer, donc. Délivrer qui ? Délivrer quoi ? Est-ce une demande diplomatique ? Un novice en matière de jargon d'entreprise pourrait chercher – à raison – à savoir s'il existe un pénitencier avec des cellules dans lesquelles sont enfermés des consultants ou autres experts travaillant jour et nuit sur un projet afin de respecter la date limite imposée par le client. La vérité, naturellement, est beaucoup plus triviale. Par « *délivrer* », il faut comprendre répondre à temps. Pourquoi, dans ce cas, ne pas écrire « *envoyer* » ou « *répondre* » ? Parce que « *délivrer* » est ici utilisé en tant qu'anglicisme, inspiré par l'anglais *to deliver,* qui signifie livrer… Vous n'avez besoin de délivrer personne. En revanche, vous pouvez gentiment rappeler à l'ordre votre entourage coupable de cette débilité linguistique, y compris si – et c'est fort probable – c'est votre supérieur hiérarchique. Je vous laisse le soin de lui délivrer ce message.

JE ME COMPRENDS !

94

C'est une publication « coup de gueule » émanant d'un ami Facebook qui m'a donné l'idée de cette chronique. « *"Je me comprends", me dit ce matin mon stagiaire pour clore une phrase. "Je me comprends", répète-t-il une deuxième fois, cet après-midi. Bien. Je sens qu'on va aller loin.* » Imaginez la bonne ambiance ! « *Je me comprends !* » A la bonne heure ! Toutefois, entendons-nous : le fait de parvenir à comprendre soi-même ses propres réflexions est une excellente chose. Cela vaut mieux que quelqu'un qui ne se comprend pas (ou plus). Tout le monde n'y parvient pas forcément. C'est donc une excellente nouvelle. C'est le fait de ne pas parvenir – ou de ne pas vouloir – expliciter son raisonnement qui pose un réel problème de communication ! Précisons également que, dans un grand nombre de cas, « *Je me comprends* » est un tic, utilisé par réflexe davantage que par refus d'argumenter. Chose qui ne le rend pas moins agaçant, bien au contraire. En réunion : « *Les expériences consommateurs ont vraiment été concluantes. Il faudrait les développer sur d'autres thématiques, mais je me comprends...* » Un stagiaire qui n'a pas la langue dans sa poche, à son manager de 40 ans : « *Je trouve ton leadership un peu douteux, mais cela ne fait rien... je me comprends.* » A titre personnel, quand j'entends un individu me soutenir qu'il se comprend, en n'en disant pas davantage, je ne vous cache pas mon impression qu'il me prend pour un sot. « *Je me comprends* » reflète, en effet, une certaine arrogance : soit cela traduit que vos propos n'ont que peu d'intérêt, et que vous préférez ne pas vous éterniser – pour le bien de tout le monde – soit que votre interlocuteur ne vous croit pas capable de comprendre ce qu'il raconte. J'espère que vous m'avez compris !

C'EST PAS DANS MON SCOPE !

95

Si vous cherchiez un moyen à la fois laid et prétentieux pour dire à quelqu'un que quelque chose n'est pas de votre ressort, voici l'expression parfaite : *« C'est pas dans mon scope ! »* Elle veut également dire que vous n'avez pas les compétences pour réussir une mission donnée. En revanche, savoir parler convenablement la langue française devrait être dans le scope d'à peu près n'importe quel actif !

JE SUIS À TOI !

96

« *Tout est alors trouvé : je suis à toi et tu es à moi, nous sommes unis pour toujours.* » Ces mots sont extraits de la pièce *Faust,* écrite par Goethe. C'est joli, c'est romantique, c'est sensuel. « *Je suis à toi* » est une expression utilisée la plupart du temps dans un contexte amoureux. Comment diable peut-on faire une telle promesse à un simple collègue de bureau ? En fonction du contexte dans lequel ils sont prononcés, ces mots prennent en effet un tout autre sens ! « *Je file en réunion, mais dans un quart d'heure, je suis à toi !* » lance un manager stressé à son subalterne. Ne pas comprendre ici qu'une quinzaine de minutes plus tard, il sera fou amoureux. Lorsqu'un collègue s'assied à côté de vous en vous lançant « *Maintenant, je suis (tout) à toi* », la formule fait évidemment partie de cette caste d'expressions très exagérées !

ON EST D'ACCORD !

97

« On est d'accord ! » disent certains pour clôturer une discussion. *« On est raccord »,* préfèrent certains autres. Les choses sont tellement plus simples quand tout le monde est d'accord ! Toutefois, si l'on est d'accord trop souvent, cela peut vite devenir louche. Au bureau, *« On est d'accord »* est un tic de langage chez les individus obsédés par le consensus. Les collaborateurs qui veulent à tout prix éviter le débat et/ou le conflit ! C'est une belle arme d'autodéfense lors d'une discussion avec un N+1, ou pour rester lisse en réunion. Etre sans cesse d'accord avec un supérieur est également un bon message de flagornerie, celui d'un fidèle serviteur qui ne compte pas perturber l'ordre établi ! La réunion s'échauffe, une discorde est sur le point de survenir entre plusieurs collaborateurs ? Du calme, *« On est d'accord, on est d'accord »,* tente de calmer le médiateur de la réunion, un ersatz d'arbitre de football en mocassins. En vérité, on n'est pas d'accord du tout ! Mais faisons comme si… Dans une négociation, « *On est d'accord* » sert aussi à apaiser et rassurer l'autre interlocuteur, tout en ne faisant aucune promesse. « *Je n'ai pas encore connaissance des budgets pour cette année ! Mais tu mérites une augmentation, on est d'accord.* » Pas certain que cette position reste la même quand les budgets seront connus ! Il faudra revenir à la charge, on est d'accord. La population qui est toujours d'accord sur tout et n'importe quoi, peu importe le contexte et l'entourage concerné, pose un sérieux problème : si tout le monde est sans cesse d'accord, il n'y a aucune nouveauté, aucune innovation. Or, sans prise de risque, on ne peut rien créer ! « *On est d'accord* » est l'expression de la monotonie. C'est un principe de management : il faut savoir dire non. Y compris à son chef. C'est beaucoup plus glorifiant de ne PAS être d'accord, le faire savoir, et provoquer ainsi une bonne décision !

JE NE SUIS PAS DANS LA BOUCLE !

98

Ne pas être dans la boucle est un drame d'*open space* contemporain, similaire à celui d'être sur le banc de touche lorsque l'on pratique un sport collectif. Imaginez une réunion du lundi matin, très importante. Quelqu'un remarque : « *Christophe est à la bourre.* » Un quart d'heure plus tard : toujours pas de Christophe. Après vérification, on s'aperçoit alors qu'il n'était pas dans la boucle. Triste sort ! La vie d'entreprise est un concours de boucles. Un collaborateur important accumule les boucles. A part pour les membres du comex, ou autres membres du top management qui sont, quant à eux, si importants que des collaborateurs viennent leur résumer le contenu de toutes les boucles. Toutes ces boucles donnent le vertige ? Imaginez plusieurs dizaines de pelotes de laine, plusieurs couleurs, qui se confondent et s'emmêlent les unes les autres. Il arrive un moment où toutes ces boucles deviennent difficiles à suivre. Il suffit d'une heure sans regarder ses courriels pour perdre le fil. Et donc pour finir par faire une overdose. La fonction « *Répondre à tous* » est un véritable fléau.

JE RESTE À DISPO !

99

« Je dois partir, mais je reste à dispo » si jamais tu as des questions ! L'expression à ne jamais utiliser. Cette petite formule de politesse – qui n'est pas à prendre au premier degré – permet à votre interlocuteur de vous recontacter – peu importe si vous êtes en congé ou en voyage. « *Rester à dispo* » autorise votre interlocuteur à vous déranger sans cesse. Tout le monde a droit à la tranquillité !

JE ME SUIS PEUT-ÊTRE MAL EXPRIMÉ ?

100

« *Il me semble que nous avions convenu que tu arriverais chaque jour à 9 h 30. Mais je me suis peut-être mal exprimé.* » Il est 9 h 40, et cette phrase tombe comme une sentence dans les oreilles du jeune stagiaire, qui regarde ses Stan Smith d'un air penaud. Autour de lui, dix personnes ont entendu cette phrase, beaucoup trop humiliante pour une heure aussi matinale. La *Harvard Business Review* a pourtant décrété récemment que le présentéisme et les horaires de présence physique au bureau étaient des tendances managériales d'un autre siècle. Qu'à cela ne tienne. « *Je me suis peut-être mal exprimé.* » Une expression d'apparence policée, presque urbaine, mais qui est en réalité d'une extrême violence ! Pourquoi ? Parce qu'à l'évidence, personne ne s'est mal exprimé. Cette supposition est simplement un ersatz de politesse. Pis encore, elle est destinée à mettre mal à l'aise l'interlocuteur et à le prendre pour un gigantesque demeuré. « *Je me suis peut-être mal exprimé* » est une insinuation qui insulte l'intelligence de sa cible. C'est une phrase propre aux individus présomptueux, qui ne doutent de rien, et qui prennent leurs collègues de haut. Elle appelle une réponse avec de jolis noms d'oiseaux que je ne peux malheureusement pas me permettre d'évoquer ici. Mais la formulation peut également avoir pour but de tromper l'interlocuteur, de changer la donne inopinément. *« Je me suis peut-être mal exprimé, mais il me semblait t'avoir dit de rendre ton travail avant 18 heures ce soir ! »* Mensonge : la date butoir officielle avait lieu deux jours plus tard. En l'occurrence, le manager s'était donc mal exprimé. Mais plutôt que de présenter ses excuses, il a préféré laisser planer le doute et mettre un collaborateur sous pression avec une urgence supplémentaire. Je me suis peut-être mal exprimé, mais je pense vous avoir donné toutes les raisons possibles et imaginables de ne plus utiliser cette expression qui vous ferait à coup sûr passer pour un odieux personnage.

C'est juste pas possible !
Bertrand et ses équipes !
Il est revenu en CDI !

C'est une tuerie !
Les vacances d'été, c'est demain !
J'ai un bon fit !
Sans te mettre la pression !
C'est une fonction support !
Y'a plus qu'à !

Incessamment sous peu !
Tu me fais ton pitch ?
Voilà voilà voilà

Sortir de sa zone de confort !

Moi personnellement je pense ! (

Grosso merdo !

Pratico-pratique !

Tu as passé un bon week-end ?

Monter une réunion !

C'est sur la roadmap !

Je ne suis pas dans la boucle !

Créer de la valeur !

Ouvrir les chakras !

Les vacances d'été, c'est demain !

On part sur !

SOMMAIRE

Déjà parus, dans la collection des « 100 »

Les 100 choses à avoir fait au moins une fois dans sa vie à Paris
(*FigaroScope*, 2013)

100 pièges à éviter pour écrire et parler un excellent français
(*Le Figaro Littéraire*, 2014)

100 choses à avoir fait au moins une fois dans sa vie à Paris avec ses enfants
(*FigaroScope*, 2014)

100 bonnes & mauvaises manières à connaître dans la vie. Le Guide du bien-élevé
(*Le Figaro*, 2015)

Les 100 citations et locutions pour ne pas perdre son latin
(*Le Figaro Littéraire*, 2015)

100 expressions héritées de l'Histoire
(*Le Figaro Littéraire*, 2015)

100 expressions favorites de nos grands-mères
(*Le Figaro Littéraire*, 2016)

100 anglicismes à ne plus jamais utiliser !
(*Le Figaro Littéraire*, 2016)

100 bonnes & mauvaises manières à connaître.
Le Guide du bien-élevé en vacances
(*Le Figaro*, 2016)

100 lieux du patrimoine français à avoir vus au moins une fois dans sa vie
(*Le Figaro*, 2016)

100 pour cent chic. Le Guide de l'élégance au masculin
(*Le Figaro Magazine*, 2016)

Aux origines des 100 superstitions qui hantent ou réjouissent notre quotidien (*Le Figaro*, 2017)

Le Tour de France des 100 péchés mignons
(*Le Figaro*, 2017)

100 lieux pour se ressourcer en France
(*Le Figaro Magazine*, 2017)

100 lieux qui ont fait la France
(*Le Figaro Magazine*, 2017)

100 expressions savoureuses à partager entre petits & grands
(*Le Figaro*, 2017)

100 châteaux qu'il faut connaître à Bordeaux
(Le Figaro Vin, 2018)

Les 100 inventions qui font la fierté de la France
(Le Figaro Magazine, 2018)

Quentin Périnel

28 ans, est journaliste et chroniqueur au Figaro. Il s'intéresse aux aspects humains de l'Économie. Il est l'auteur de la célèbre chronique « Le Bureaulogue » et a également publié Vivement la retraite ! chez Flammarion (2017) et Mes bonnes résolutions, 100 idées pour pimenter 2018 chez Librio.